STATUTS
ET REGLEMENS

DES

MAÎTRES ET MARCHANDS
TAPISSIERS

DE HAUTELISSE SARAZINOIS

& Rentraitures, Courtepointiers, Neutrez, Coutiers de cette Ville, Prevôté
& Vicomté de Paris, unis & incorporez
suivant les Arrests de la Cour de
Parlement, Jugemens & Sentences du
Prevost de Paris, des 20. Mai 1622.
6. Août 1625. & 3. Juillet 1627.

Imprimez & mis en meilleur ordre par les soins de CHARLES
MOTEL, ANTOINE ROUGEOT, CLAUDE
BARRASSY & CHARLES FOURNIER, tous Maî-
tres & Gardes Jurez en charge en l'année 1718.

A PARIS, De l'Imprimerie de GUILLAUME VALLEYRE,
ruë & vis-à-vis Saint Severin, à la Ville de Riom.

M. DCC. XVIII.

AVIS

EN FORME DE SOMMAIRE

AUX ANCIENS GARDES

& aux ANCIENS DOUZES petits Jurez Auditeurs de Comptes, & aux Maistres de la Communauté.

MESSIEURS,

Un de nos étonnemens est de voir que depuis plus d'un siecle que s'est faite l'incorporation des quatre Corps, dont nous sommes Membres, personne ne se soit avisé de mettre comme sous les yeux d'un chacun de nous les divers & anciens Statuts qui nous lient les uns avec les autres. La Communauté dans tous les tems n'a cependant jamais manqué de personnes assez éclaireés pour mettre en execution une pareille entreprise. Ce qui nous fait parler de la sorte c'est que nous avons connu par quelques écrits qui nous sont tombez dans les mains, qu'il s'est trouvé ci-devant des Iurez Gardes, qui nonobstant la grande assiduité de leur charge, dont ils s'acquittoient avec beaucoup de satisfaction, avoient conçû le dessein de rediger dans un livre & de combiner ensemble, pour ainsi dire, le plus exactement qu'ils pourroient, les differens Statuts de nos quatre Corps, afin que ceux qui leur succederoient dans leur administration, pussent avoir plus de facilité & acquerir plus de connoissance à les faire executer. Pour ce qui est de moi, je ne sçai pas la raison pour laquelle nos Peres n'ont pas mise à execution cette entreprise ; les écrits que j'ai lû à ce sujet ne m'en donnent aucun éclaircissement. Il est à presumer que les troubles domestiques que nous eûmes chez nous, je veux dire les guerres, qui furent entreprises pour cause de religion, & ensuite les guerres étrangeres, qui pendant tant d'années affligerent ce Royaume, furent sans doute la seule raison qui ne leur permit pas d'y travailler. Messieurs, pour nous, Gardes & Iurez en

charge de la Communauté, qui ne sommes pas moins zelez & dévoüez au bien
& à l'avantage de notre commune mere, que nos Predecesseurs, nous aurions
crûs être dignes de blâme, si par faute d'une recherche un peu exacte, de quelques veilles, & quelque peu de dépenses, nous eussions mieux aimez priver
d'un pareil ouvrage nos successeurs, qui y puiseront pour ainsi dire une noble
émulation, qui ne les portera qu'à bien remplir les fonctions de leur charge, à
prendre avec un peu plus de zele & de chaleur les interests de la Communauté, & à se mettre eux-mêmes plus au fait des affaires les plus épineuses,
afin de mieux instruire leurs Avocats & Procureurs, s'il survenoient quelques
procés, qu'il falût necessairement entreprendre. Ainsi quand on viendra à
agiter quelque question importante dans la Communauté, on pourra avoir
recours au recueil, où se trouvent rassemblez, quoi qu'avec peine, tous les
Reglemens generaux & particuliers. On y remarquera que les droits dus à la
Communauté, suivant l'article 21 de l'Ordonnance, & quelques autres encore rendus en 1636, s'y trouvent specifiez sous le noms de droits à la maniere accoutumée, qui est bien mieux expliquée dans les Ordonnances rendües
en 1568 & 1618. Cela nous est d'autant plus avantageux que pour recueillir
une perception facile de ces droits, qui n'ont été établis que pour le maintien
& soutien de notre bureau, nous joüissons d'une possession de plus de cinquante ans. Ce qui doit encore nous faire un singulier plaisir, c'est que l'on trouve dans ce recueil les lettres de confirmation de Loüis XIV. de triomphante
mémoire, qui n'avoient pas parû jusqu'à present; comme aussi les lettres patentes que ce grand Monarque nous accorda en 1656. où en bons & fideles
sujets nous signalâmes par le don que nous fimes à sa Majesté, la reconnois-
sance dont nous étions penetrez pour tant de bienfaits. Par la teneur de ces
lettres on voit comme ce grand Roi confirme & approuve celles de 1636, &
que poussé de cette genereuse & royale protection, qu'il donnoit si amou-
reusement à tous les Arts, il fait deffense pour le nôtre uniquement, à tous
Traitans de surprendre à notre Communauté des lettres de Maistrise; &
pour y mettre de l'ordre & repandre un certain lustre parmi nous, il pretend
& ordonne que nul ne soit reçû Maistre qu'il n'ait fait chef-d'œuvre, &
nous permet en même tems de prendre la qualité de Maistres & Gardes,
Iurez de la Communauté. Enfin l'on trouvera l'établissement des Douzes,
celui des petits Iurez, mêmement leur réünion avec les Douzes, ne faisant
qu'un même Corps. On n'a eu garde d'oublier dans ce recueil les articles de
leur Reglement & les fonctions qu'ils doivent exercer. Les huit articles de
ce Reglement passé & arresté par toute la Communauté, qui suivent, ac-
compagnés d'un grand nombre d'Arrests du Conseil & de la Cour du
Parlement, avec plusieurs Sentences; tout cela, di-je, ne rend qu'à l'en-
tiere execution de nos Statuts & Ordonnances au sujet des marques. Ce qui,
j'ose le dire, établit une confiance droite, & une sureté à l'épreuve de
tout le public pour notre Art, par le Tarif des mesures & des qualitez requises pour toutes nos marchandises. On verra dans le sommaire suivant les
raisons qui nous ont portez à ne point faire imprimer les anciens Statuts,
mais bien à les faire mettre au net, quoique dans leur stile, pour être
ensuite avec les anciens écrits remis dans le coffre de la Communauté.

STATUTS
ET REGLEMENS
DES MAISTRES ET MARCHANDS
TAPISSIERS

DE HAUTELISSE SARAZINOIS ET RENTRAITURES,
Courtepointiers, Neutrez, Coutiers de cette Ville, Prevôté &
Vicomté de Paris, unis & incorporez suivant les Arrêts de la
Cour de Parlement, Jugemens, Sentences du Prevôt des ving-
tiéme May mil six cent vingt-deux, sixiéme Aoust mil six cent
vingt cinq, & troisiéme Juillet mil six cent vingt-sept.

PREMIEREMENT,

IL sera loisible à tous les Maîtres & Marchands Tapissiers de
Hautelisse Sarazinois & de Rentraitures, Courtepointiers, Neutrez, Coutiers de cette ville de Paris, d'avoir tant seulement deux
apprentifs François en France, de bonne famille & de probité, & ne
pourront les prendre à moins de six ans, dont le premier sera pris
trois ans auparavant le second, & en tireront plus d'argent qu'ils
pourront, soit peu, grand ou neant.

*Par délibera-
tion de laCom-
munauté & sen-
tence de Mr. le
Lieutenant Ge-
neral de Police,
nul ne prendra
qu'un apprentif
à peine de 50 li-
vres d'amende.
Voyez le nou-
veau Reglement.*

II.

Item. Que nul ne prenne Apprentif, s'il ne veut bien l'instruire &
tenir comme enfant de Prud'homme, & icelui Apprentif ne pourra être racheté de son temps pour quelque cause que ce soit, ni
s'enfuïr, ni aller ailleurs demeurer, qu'il n'ait bien ci-devant accompli le temps de six années, dont pour cet effet le Maître sera tenu de
s'en passer le contrat & obligation pardevant Notaires Royaux ou
Tabellions, en la présence de l'un des Gardes & Jurez dudit Métier
où ledit Apprentif s'obligera par corps d'apprendre à son pouvoir ledit Art & Métier, & baillera bonne & suffisante caution ; qu'ils pro-
mettront qu'en cas que ledit Apprentif s'absente du service de sondit
Maître de le representer, & le rechercher à leur serment par ville &
banlieuë de Paris.

*Le Brevet se-
ra registré 15.
jours après sa
passation, à
peine de nulli-
té. Voyez le
nouveau Regle-
ment.*

III

Item. Que nul ne pourra suborner aucun Compagnon ni Apprentif d'autrui pour les débaucher en nulle façon que ce soit. Le
Compagnon ne pourra quitter l'ouvrage par lui commencé, soit
pour bruit, crimens, si ce n'est par faute de payement fait par ledit

*Deffenses de
suborner les
compagnons &
apprentifs.*

A

Maître; car autrement ne pourra ledit Apprentif Valet s'abſenter, & le Maître qui l'employera, l'amendera de vingt livres, parſis moitié aux Iurez.

IV.

Item. Que nul ne pourra mettre en œuvre aucun Compagnon ni Valet, s'il ne fait apparoir comme il a fait gré à ſon Maître, & au Métier ſa capacité & prud'hommie, & tous Compagnons étrangers ne pourront commencer à travailler que premierement ils n'ayent payé en la boëte de Confrairie, vingt ſols pariſis, pour aider à faire dire & celebrer le divin Service; & faute de moyens, le Maître où ils travailleront, leur avancera, ſauf à lui à le recouvrer ſur leurs journées.

V.

Item. Que tous Apprentifs aprés avoir bien & dûëment achevé les ſix années de leur apprentiſſage, ſeront tenus de ſervir les Maîtres encore trois années comme Compagnons, puis par aprés pourront franchement & quittement parvenir en la qualité de Maîtres, & ſeront reçûs à chef-d'œuvre; & pour cet effet s'adreſſeront aux Maîtres & Jurez qui les recevront à chef-d'œuvre, comme il ſera aviſé, ſelon leur capacité.

VI.

Item. Ne ſeront les fils de Maîtres tenus de faire aucun chef-d'œuvre, & ſeront reçûs en la maniere accoûtumée.

VII.

Item. Pourront les veuves tenir boutiques ouvertes & faire travailler tant qu'elles ſeront veuves, & ſe remariant à autre, qu'il ne ſoit du Métier, ſeront déchûës des privileges, & ſi elles ont Apprentif, il ſera en la garde des Jurez pour le pourvoir d'un autre Maître.

VIII.

Item. Il ſera enjoint à tous les Maîtres & Ouvriers de Hauteliſſe Sarazinois & de Rentraitures, Courtepointiers, Neutrez, Coutiers, de bien & dûëment travailler & œuvrer de bonnes étoffes, ſçavoir de s'en œuvrer toutes ſortes de Tapiſſeries de Hauteliſſe, Tapis Sarazinois pleins & velus de toutes ſortes de façons de Turquie & du Levant, qu'ils ne ſoient de toute fine laine, ſoye, & fleuret or & argent, & d'imiter les deſſeins & patrons de plus prés que faire ſe doit, à peine d'amende; & s'il ſe fait autrement, l'ouvrage ſera tenu pour faux, & le Maître l'amendera de vingt livres pariſis d'amende, ſçavoir la moitié au Roi, & l'autre moitié aux Maîtres & Jurez.

IX

Item. Il ſera deffendu à tous Maîtres, ſçavoir, d'employer du faux or & argent pour du fin, ni or de Boulogne pour or de Milan, ni or de Paris pour or de Milan, ni fleuret pour de la ſoye, ni autre chose semblable ; & sera deffendu d'employer ni mettre en œuvre du fil, tant pour servir de laine, que soye & fleuret, attendu que c'est chose fausse ; ni mettra peinture sur l'œuvre achevé ; & toutes tapisseries & tapis qui seront trouvez sur aucun, qui ne soient tous de laine, seront tenus pour faux, & le Maître l'amendera de vingt livres parisis, la moitié au Roi, l'autre aux Jurez.

X.

Item. Que nul ne pourra rentraire aucune tapisserie ni tapis Sarazinois, dits de Turquie & du Levant, de toutes les sortes, si rompus & gâtez qu'ils puissent être, si premierement elle n'est chaînée de bonne & fine chaîne de laine & comme elle est étoffée & fabriquée, & assortira les laines, soyes & fleurets or & argent au plus proche que faire se doivent, & le tout comme elle étoit fabriquée auparavant ; & quiconque chaînera de fil ni n'assortira au plus proche les couleurs, ni qui n'imitera le dessein, toutes fois l'œuvre sera tenu pour faux, & le Maître l'amendera de vingt livres parisis d'amende, sçavoir la moitié au Roi & l'autre aux Iurez.

XI.

Item. Que nul ne pourra nettoyer ni rafraîchir toutes sortes de tapisseries & tapis, si premierement que ce ne soit de bonne étoffe & drogues pour faire couleurs de teinture cramoisi & commune, suivant & conformément à celle comme ladite tapisserie est fabriquée & étoffée ; & quiconque employera peinture ou mal fera en icelle, l'œuvre sera tenu pour faux, & le Maître l'amendera de vingt livres parisis d'amende, comme dit est.

XII.

Item. Que nul ne pourra doubler aucune tapisserie ni tapis, si premierement la toile n'est lessivée ou du moins moüillée, & sera défendu de coudre les relais desdites tapisseries de fil blanc ; mais de toutes autres sortes de couleurs les pourra-t-on coudre, & le tout par l'envers, à peine d'amende, comme il est dit ci-dessus.

XIII.

Item. Il sera permis de mettre en œuvre autant d'Ouvriers que l'on pourra employer, pourvû qu'ils ayent fait leur Apprentissage en cette ville de Paris, & pourront travailler à leurs journées ou à l'aune quarrée, le tout comme l'on voudra, sans aucun empêchement : néanmoins ne pourra chaque Maître tenir plus d'une boutique ouverte, ni faire magasin ailleurs sous quelque pretexte que ce soit, à peine de confiscation & d'amende.

XIV.

Item. Si aucun Maître allant de vie au trépas, que la veuve voulut quitter ayant ouvrage à achever, s'adressera aux Iurez pour parachever ledit Ouvrage, & sera fait récompense à ladite veuve suivant le prix desdits Ouvrages, & le tout comme il sera juste & raisonnable ; & si elle a Apprentif, sera en la garde des Iurez pour le

4

pourvoir d'un autre Maître pour l'achevement de ses six années.

X V.

Item. Il sera permis à tous Maîtres Tapissiers de cette ville de Paris, de vendre & achepter toutes sortes de tapisseries & tapis, tant neufs que vieux, & semblablement toutes sortes de garnitures de chambres & emmeublemens de la dépendance & circonstance de leurdit Art & Métier bons & loyaux, à peine d'amende, comme il est dit ci-dessus.

X V I.

Item. Il sera deffendu à tous Compagnons de s'ingerer de travailler en qualité de Maître, s'il n'est Maître reçû en cette ville de Paris, à peine de confiscation de tous les outils & ustanciles de marchandises, & de cent livres parisis d'amende, moitié au Roi, l'autre moitié aux Jurez, & être privé à jamais de parvenir à la maistrise.

XVII.

Item. Que si aucun Compagnon desire parvenir franchement à la Maîtrise, le pourra faire aprés avoir fait six ans d'apprentissage, avoir servi fidelement son Maître, ayant son brevet en bonne & dûë forme, & ayant servi les Maîtres encore trois années comme Compagnon, étant d'honnête vie, Catholique, Apostolique & Romain, s'addressera aux Maîtres Iurez qui le recevront à chef-d'œuvre, comme il sera avisé, à la charge toutefois que lesdits Iurez le feront sçavoir en ceremonie par le Clerc de la Communauté à tous les Maîtres, à peine de nullité, & tous Maîtres reçûs par Lettres dans les faubourgs ne pourront entrer dans la ville, qu'ils ne fassent chef-d'œuvre & experience, suivant l'Ordonnance du Roy rendue aux Etats à Orleans.

XVIII.

Item. Il sera deffendu à tous de bailler à Revendeurs ni Revenderesses aucune chose de leur marchandise pour icelle regrater & porter vendre par la ville pour tromper le Public, à peine de confiscation & de vingt livres parisis d'amende, comme dit est ci-dessus.

X I X.

Item. Il sera deffendu à toute personne de quelque condition & qualité qu'elle soit, de s'ingerer de travailler & se mêler des fonctions de Tapissiers, s'il n'est Maître en cette ville de Paris, à peine de confiscation des marchandises, outils & ustanciles, & de cent livres d'amende, moitié au Roi & l'autre moitié aux Iurez.

X X.

Item. Il sera deffendu à tous Revendeurs, Revenderesses, Regratiers & Fripiers, d'achepter pour icelles revendre aucunes tapisseries, tapis, lits, tentes, pavillons & toutes sortes de meubles, tant vieux que neufs, à peine de confiscation & de cent livres d'amende, comme dit est ci-dessus.

XXI.

Item. Il sera enjoint à tous Marchands Forains ou autres de cette ville de Paris, amenant en cette ville, soit tapisseries de toutes sortes, comme de Flandres, Bruxelles, d'Auvergne, tapis de Turquie & autres lieux, Sarazinois & du Levant, tapisseries de Bergame, de Lyon, de Roüen, Beauvais, Angleterre, & semblablement autres marchandises, comme coutils de Bruxelles, Castalognes de Montpelier, Avignon, de Roüen, Normandie, Beauvais & autres lieux ; plumes, duvets, bourrelanisse, laveton, crin, laine & generalement toutes sortes d'autres marchandises de la dépendance dudit Art & Métier de Tapissier : lesdits Marchands seront tenus de faire apporter toutes lesdites marchandises sans être déliées ni déployées, bales, balots, à la Chambre des Gardes desdits Maîtres & Iurez Tapissiers de cette ville de Paris, pour icelles être vûës & visitées severement lesdites tapisseries & tapis par les Iurez de Hautelisse, Sarazinois, Courtepoiutiers, Neutrez, afin de separer & ôter la bonne d avec la mauvaise, pour l'interêt du Roy & du Public, & icelle marquer & payer le droit de marque à la maniere accoûtumée ; & quiconque l'aura acheté sans être vûë & visitée, payera vingt livres parisis d'amende ; comme aussi les Marchands étrangers & de cette ville, qui auront vendu ladite marchandise sans l'avoir fait visiter & marquer, payeront cent livres d'amende, moitié au Roi, & l'autre moitié aux Iurez ; & deffenses seront faites aux Hôteliers de retirer lesdites marchandises qu'elles ne soient marquées.

XXII.

Item. Il sera permis à tous les Maîtres & Iurez d'aller en visitation quand bon leur semblera, en tous lieux, magasins, hôteleries, tant de cette ville que fauxbourgs de Paris où ils sçauront qu'il se fera ou qu'il y aura tapisserie neuve, tapis, meubles & autres marchandises détournées de la visitation, rentraitures & racoûtrages de tapisseries & rafraîchissement d'icelles, sans qu'il leur soit donné aucun empêchement, à peine de vingt livres parisis d'amende, comme ci-dessus.

XXIII.

Item. Il sera deffendu à tous de travailler à fête fêtable, si ce n'est pour le Roi ou sa Gent, à peine d'amende, comme dit est ci-dessus.

XXIV.

Item. Que la fête de sainte Geneviéve soit celebrée en pareille ceremonie, que celle de saint Louis & saint François, & ainsi toûjours & à jamais continuée, & aussi saint Sebastien, fête & patron dudit Métier.

XXV.

Item. Que nul ne pourra rentraire serges de tapis, qu'elles ne soient ourdies contre ourditoires, & que nul ne pourra monter fil fur laine en l'ourditoire, à peine d'amende, comme ci-deſſus.

XXVI.

Item. Que nul ne pourra faire courtepointe blanche de laine empeſée ni moüillée en l'eau d'icelle. Qui fera le contraire, l'œuvre fera tenu pour faux, & l'amendera, comme il eſt dit ci-deſſus, & aucun ne pourra imprimer fur ferges & autres étoffes que leſdits Tapiſſiers, comme ciels, lits & pavillons.

XXVII.

Item. Que nul ne pourra faire courtepointe qu'elle ne ſoit remplie de bonne bourrelaniſſe, ſans mêler aucun laveton ni tontiſſe, & qu'elle ne ſoit bien couſuë ; ſi c'eſt étoffe de ſoye, ſera appliquée de bonne ſoye comme il appartient, à peine d'amende, comme dit eſt ci-deſſus.

XXVIII,

Item. Que nul ne pourra faire ciels, cuſtodes, pavillons, paillaſſes, tentes, paraſſols, po.nmes de lits & autres ouvrages s'il n'eſt comme il appartient & de bonne étoffe ; ſi c'eſt drap, ſoye, velours, ſatin, taffetas, damas & autres pareilles étoffes, il faut qu'elles ſoient couſuës de bonne ſoye de la même couleur, à peine d'amende, comme dit eſt ci-deſſus.

XXIX.

Item. Que nul ne pourra faire matelas ded eux futaines, s'ils ne ſont remplis de bonne bourrelaniſſe bonne & loyale, & ne pourra-t-on mêler laveton ni bourretontiſſe, à peine d'amende, comme dit eſt ci-deſſus, & iceux feront marquez, & chacun aura ſa marque pour éviter aux fraudes & abus.

XXX.

Item. Que nul ne pourra mettre en nulle façon que ce ſoit dans les matelas, du poil rouge ni aucune bourre deffenduë, à peine d'amende comme dit eſt, & iceux ards & brûlez, ni dedans les loudieres, ſemblablement plumes noires dans les chevets, à peine comme deſſus.

XXXI.

Item. Que nul ne pourra faire garniture de meubles, comme chaiſes, eſcabeaux, formes, tabourets, s'ils ne ſont comme il appartient, ſçavoir garnis tout de crin, ſans mêler du poil ou autres ſemblables étoffes deffenduës ; mais l'on pourra mettre le poil tout ſeul, le laveton tout ſeul, la bourrelaniſſe toute ſeule, ſans mêler les unes parmi les autres, à peine d'amende, comme dit eſt ci-deſſus.

XXXII.

Item. Que les coutils que l'on fait en la ville de Caën & Coutances en Normandie feront bien tiſſus, de grandeur comme il étoit au temps paſſé, à ſçavoir les coutils appellez dix rais, contiendront onze aunes de longueur & deux aunes de largeur en deux laiz.

XXXIII.

Item. Les coutils appellez de neuf rais, contiendront dix aunes & demie de longueur, & sept quartiers de largeur en deux laiz.

XXXIV.

Item. Que les coutils que l'on appelle de huit rais, contiendront neuf aunes de longueur, & une aune & demie de largeur en deux laiz.

XXXV.

Item. Les coutils que l'on fait à la Ferté-Massé, Pays de Normandie, que l'on appelle dix rais, auront dix aunes de longueur, & une aune & demie de largeur en deux laiz.

XXXVI.

Item. Les coutils que l'on appelle neuf rais, auront neuf aunes de longueur, une aune de largeur en deux laiz.

XXXVII.

Item. Les coutils que l'on fait au pays de Bretagne, Malasse & Paroisses és environs, que l'on appelle Grand de brin, contiendront dix aunes & demie de longueur & sept quartiersde largeur en deux laiz.

XXXVIII.

Item. Les coutils que l'on appelle de Brin, contiendront dix aunes de longueur, & une aune & demie de largeur en deux laiz.

XXXIX.

Item. Les coutils que l'on appelleCouchette de brin, contiendront neuf aunes de longueur & cinq quartiers de largeur en deux laiz.

XL.

Item. Les coutils toutblancs de brin, contiendront dix aunes de longueur, & deux tiers de largeur.

XLI.

Item. Les coutils appellez grands grossiers, contiendront dix aunes de longueur, & une aune & demie de largeur en deux laiz.

XLII.

Item. Les coutils appellez moyens grossiers, contiendront dix aunes de longueur,& de largeur cinq quartiers & demi en deux laiz.

XLIII.

Item. Les coutils que l'on appelle de neuf, contiendront neuf aunes de longueur, cinq quartiers en deux laiz de largeur.

XLIV.

Item. Que les coutils appellez de huit rais, contiendront huit aunes de longueur, une aune & demi quartier de largeur en deux laiz.

XLV.

Item. Les coutils appellez de sept rais, contiendront sept aunes de longueur, & de largeur une aune & demie.

XLVI.

Item. Les coutils que l'on fait à Maubuisson, pays de Normandie & és environs, il faut qu'ils ayent trois quartiers de large, & qu'ils soient bien tissus & faits de bon fil de chanvre sans étoupes, & seront rous lesdits coutils bons & loyaux suivant le cours du temps.

XLVII.

Item. Seront tenus tous lesdits Marchands amenant en cette ville de Paris tous lesdits coutils ci-devant declarez sans être déliez ni déployez , venir directement en la Chambre des Gardes des Maîtres Tapissiers de cette ville de Paris , pour iceux être vûs , visitez sur les longueurs & largeurs; deffenses seront faites à tous les Maîtres Tapissiers d'aller au devant pour les faire détourner , ni d'en exposer en vente en leurs boutiques , qu'ils n'ayent été vûs & visitez & marquez de la marque desdits Iurez , à peine de vingt livres parisis d'amende ; & pareillement les Marchands qui les auront vendus sans être visitez ni marquez , payeront pareille amende pour la premiere fois ; à la seconde , confiscation desdits coutils & de double amende , moitié au Roi & l'autre moitié aux Jurez , & deffenses aux Hôteliers de les retirer qu'ils n'ayent été vûs & visitez , à peine de vingt livres parisis d'amende.

XLVIII.

Item. Quant aux mantes & couvertures de Montpellier en Languedoc , Avignon & Normandie , autres lieux és environs , seront de grandeur & bonté comme par ci-devant ; sçavoir les passe-grandes , appellez les fleurons , auront trois aunes de longueur par le milieu , deux aunes & demie de largeur ; les passe-grandes de Montpellier & Avignon seront de même grandeur & largeur , & marquez pareil droit , avec la marque de l'Ouvrier en l'autrecoin.

XLIX.

Item. Les grandes Mantes de Montpellier , Avignon contiendront deux aunes & demie de longueur , & de largeur deux aunes.

L

Item. Les moyennes mantes de Montpellier , Avignon , contiendront de longueur deux aunes & un quart , & sept quartiers de largeur , & seront marquées par le coin comme celles de Paris.

LI.

Item. Les petites mantes de Montpellier , Avignon, contiendront de longueur deux aunes, & une aune & demie de largeur.

LII.

Item Les mantes que l'on fait à Paris & aux Fauxbourgs, & autres lieux és environs. Premierement les passepasses marquées par le coin de six points , auront trois aunes de longueur, & de largeur deux aunes & demie toutes foulées.

LIII.

Item les passegrandes auront deux aunes & un quart de largeur, deux aunes trois quarts de long toutes foulées , & seront marqu ées par le coin de cinq points. Les quatres points auront deux aunes & demie de long , & deux aunes de large.

LIV.

LIV.

Item. Les mantes appellées neuf quartiers, auront deux aunes &
un quart de long, & une aune trois quarts de large toutes foulées.

LV.

Item. Les mantes appellées de huit quartiers, auront deux aunes
de long & une aune & demie de large, marquées par le coin de deux
points avec la marque de l'ouvrier par l'autre coin à la maniere accoûtumée, & feront marquées les communes, fines & croisées à la
maniere accoûtumée, & feront œuvrées de bonne laine fans poil, à
peine de vingt livres parifis d'amende comme ci-deffus.

LVI.

Item. Les autres appellées neuf quartiers, auront deux aunes &
un quart de longueur, & de largeur fept quartiers.

LVII.

Item. Les autres appellées dix quartiers, auront deux aunes & demie de longueur, & de largeur deux aunes.

LVIII.

Item. Les autres appellées huit quartiers, auront deux aunes de
longueur, & de largeur une aune & demie.

LIX.

Item. Celles des autres lieux appellées bâtardes, auront deux aunes & un quart de longueur, & de largeur une aune trois quarts.

LX.

Item. Les autres appellées fept quartiers, auront de longueur
deux aunes & un quart, & de largeur fept quartiers.

LXI.

Item. Les autres appellées fix quartiers, auront de longueur deux
aunes, & de largeur une aune & demie, feront faites de bonne laine.

LXII.

Item. Il fera deffendu à tous Marchands & autres, d'expofer en
vente aucunes des couvertures ci-deffus declarées, qu'elles n'ayent été
vûës, vifitées & marquées par les Maîtres Jurez Tapiffiers, à peine
de confifcation & de vingt livres parifis d'amende, la moitié au Roy
& l'autre moitié aux Jurez.

LXIII.

Item. Les tapis damaffez & broyez, enfemble la tapifferie qui fe
fait à Beauvais & autres lieux pour faire tentures de chambres de
plufieurs fortes de couleurs, feront faites de bonne laine, & auront
de large une aune de lais, ou du moins trois quartiers & demi, à
peine d'amende, comme dit eft ci-deffus.

LXIV.

Item. Il fera enjoint à tous Marchands amenans en cette ville de
Paris bourrelaniffe, laveton, plumes, duvets, crin, de venir directement en la Chambre defdits Tapiffiers, pour être vûs & vifitez,
à peine de confifcation, de vingt livres parifis d'amende, comme il

Droits ac-
coûtumez fur les couvertures au profit de la Communauté, un fols parifis par couverture de toute grandeur, & ber-
ceau a propor-
tion, fuivant l'Ordonnance de 1568, re-
giftrée au mê-
me mois en la Cour.

Maniere de fabriquer les ta-
piff_ries de Bergame.

Vifite des balcs, & deffen-
fe de mêler la vieille plume avec la neuve.

C

est dit ci-dessus , & deffenses seront faites de mêler la vieille plume parmi la neuve sur les mêmes peines ci-dessus, & deffenses aux Hôteliers de la retirer , à peine comme dessus.

LXV.

Item. Il sera enjoint doresnavant aux Maîtres & Jurez Tapissiers , lorsqu'il arrivera aucunes des marchandises ci-dessus declarées comme tapisseries , tapis de toutes sortes , couvertures , coutils , bourre , plumes, duvets, crin , laines & autres marchandises étrangeres en la Chambre desdits Jurez , seront tenus d'envoyer le Clerc de la Communauté le faire sçavoir à tous les Maîtres de chef-d'œuvre , & chacun lotira comme il se trouvera raisonnable , & ne pourra en enlever lesdits lots que depuis huit heures du matin jusqu'à dix , & depuis deux heures de relevée jusqu'à quatre heures en la présence des Jurez , & deffenses seront faites à tous d'aller au devant desdites marchandises pour les détourner de la visitation , à peine de confiscation & de vingt livres parisis d'amende , moitié au Roi & l'autre moitié aux Jurez , & pareillement de les vendre sans être marquées.

LXVI.

Item. Tous lesdits Maîtres seront tenus s'assembler tous les ans , sçavoir le lendemain de Saint Loüis pour élire deux Maîtres de la Confrairie , & le lendemain de saint François pour élire deux nouveaux Jurez , lesquels seront élûs selon l'ordre de leur reception & capacité , en demeurera toûjours deux anciens avec les deux nouveaux, sçavoir un de Hautelisse-Sarrazinois, deux Courtepointiers & un Neutré , lesquels feront le serment en la maniere accoûtumée , de faire garder & observer de point en point lesdits Statuts & Ordonnances , & feront leur rapport en Justice en leur serment & pardevant Monsieur le Procureur du Roy au Châtelet de Paris , des malversations, méprises & faussetez qu'ils trouveront contrevenir à aucuns d'iceux, sans épargner personne ; & pour cet effet iront de deux en deux mois en visitation , & leur sera payé par chacun Maître quatre sols parisis.

LXVII.

Item. Il sera fait un coffre où seront mis lesdits Statuts & Ordonnances , ensemble tous les Arrêts , Sentences , Reglemens & autres papiers concernant ladite Communauté , dont les quatre Jurez en auront chacun une clef & enchargeront par recepissé écrit & signé de leur main , de les representer toutesfois & quantes que besoin sera , & lorsqu'ils sortiront de Jurande, lesquels rendront leurs comptes en la présence de six anciens Bacheliers , six modernes Maîtres, le Receveur , élûs par la Communauté , & sera fait registre où seront transcrits tous les papiers concernant la Communauté , & ainsi continuer à toûjours & à jamais ; & tous ceux qui en ont & auront en leur possession , seront contraints & par corps à les representer, & les Arrêts du 7 Decembre 1629. & 27 Mars 1630. selon leur forme & teneur.

LXVIII.

Item. Tous lesdits Maîtres & Marchands Tapissiers, tant de Hautelisse, Sarazinois & de Rentraiture, Courtepointiers, Neutrez & Coutiers, d'un commun accord & même consentement en execution des Arrêts de Nosseigneurs de la Cour de Parlement, Sentence de Monsieur le Lieutenant Civil & Monsieur le Procureur du Roy au Châtelet, en datte des onze Decembre 1621. vingt-six Aoust 1625. trois Juillet 1627. & autres Arrêts, Sentences & Reglemens de leurdits Arts, Métiers & Marchandises ont été joints & incorporez les uns avec les autres, & par lesdits Arrêts & Sentences est ordonné qu'ils feront compiler, joindre & renouveller leurs Statuts & Ordonnances ensemblement, afin de vivre en paix les uns avec les autres, comme n'étant plus qu'un semblable Art, Métier & Marchandise, ce qu'ils sont tenus en déliberation de faire & tous d'un commun consentement on fait dresser & accorder tous les susdits articles ci-dessus mentionnez, pour être par eux & leurs successeurs présens & à venir, gardez & observez de point en point selon leur forme & teneur, sur les peines portées par iceux, & veulent & entendent que leurdits Arts & Métiers soient confondus ensemblement ; pour être à toûjours & à jamais un mêmert, Métier & Marchandise, & mêmes Statuts & Ordonnances : & pour être une chose stable à jamais, eux requérant se pourvoir pardevers le Roi notre Sire par humble priere & supplication de les y faire maintenir & garder, & pour avoir plus de force & vertu faire apposer le grand sceau de Sa Majesté. Signé R. MARIE & DU PONT.

La Requête desdits Maîtres Jurez Tapissiers de Hautelisse, Sarazinois & Rentrairuriers de cette ville, contenant plusieurs significations & sommations faites à leur requête par Guerin ci-après nommé aux Maîtres Jurez Tapissiers, Courtepointiers, Neutrez & Coutiers de cettédite ville, & à la requête desdits Maîtres Iurez de Hautelisse, Sarazinois, soit d'abondant signifié & baillé copie desdits articles ci-dessûs, portant reglement de leurs Statuts & Ordonnances, après avoir été vûs, corrigez & concertez par honorables hommes Adrien Chavet & Pierre du Pont, anciens Iurez desdits Maîtres Tapissiers Courtepointiers, l'assemblée generale de tous les Maîtres de leur Communauté pour résoudre à la verification desdits Statuts & Ordonnances pour le bien, profit & utilité de leurdite Communauté contenant soixante-huit articles & ce ausdits Maîtres & Iurez Tapissiers, Courtepointiers, Neutrez & Coutiers de lad. Ville de Paris, à ce que iceux Maîtres Iurez Tapissiers, Courtepointiers, Neutrez & Coutiers n'en prétendent cause d'ignorance & ayent ci dans huitaine à les faire communiquer aux anciens Maîtres de leur Commnnauté pour sur iceux dire leur avis & résoudre, comme dit est, sur ce sujet, ce qu'ils trouveront être à faire & augmenter ou diminuer si besoin est ; & à faute de répondre dans led. temps de huitaine, lesd. Maîtres Iurez Tapissiers d'Hautelisse, Sarazinois, leur declarer qu'ils seront passez à la forme qu'ils sont avec toute sorte de diligence pour le profit general de toute la Communauté à frais communs. Fait tout le contenu ci-dessus & baillé copie des articles ci-dessus par moi Huissier à cheval & hereditaire au Châtelet de Paris, soussigné, ce premier jour de May 1635. du matin ausdits Maîtres Iurez Tapissiers & Courtepointiers, Neutrez & Coutiers de cettedite ville de Paris y nommez, parlant pour eux à la personne dudit Chavet l'un d'iceux, tant pour lui que pour la Compagnie & Iurez trouvez en sa maison & domicile à Paris, à ce qu'ils n'en prétendent cause d'ignorance. Fait ces presentes, laissé aussi coppie ensemble du present Exploit en présence de Edme la Vise, Iacques Bertelot & autres témoins.

Signé DE CAMILLE.

Collationné à son Original en papier ci-attaché avec la presente sous le contrescel par les Notaires, Gardenotes du Roy notre Sire au Châtelet de Paris, soussignez, ce requerant par Robert Marie Marchand, Maistre Tapissier à Paris, l'un des présens Jurez dudit état, pour ce present vû à lui rendu ce vingt-deuxième jour de Juillet mil six cent trente-six, & à ledit Marie.

Signé RINANET, DUNMIER, BONOT.

A MONSIEUR LE LIEUTENANT CIVIL.

SUPPLIENT humblement les Maîtres, Gardes & Iurez Tapissiers de Hautelisse, Sarazinois & de Rentraitures, Courtepointiers, Neutrez & Coutiers de cette ville de Paris: disans que par Arrêt de Nosseigneurs de laCour de Parlement, en datte duonziéme jour deNovembre 1621. leursd. Arts & Métiers ont été joints & incorporez ensemblement comme un semblable Art, Métier & Marchandise, & execution dudit Arrêt, aprés l'option faite à la poursuite & diligence des Maîtres & Iurez Tapissiers de Hautelisse, Sarazinois, par Sentence & Avis de Monsieur le Procureur du Roy, en datte du septiéme Octobre 1622. il a été ordonné que lesdits Arrêts de la Cour seroient executez & que les deux corps demeureroient incorporez, & que les Statuts seroient renouvellez & compiez ensemblement & homologuez en la Cour de Parlement, ladite Sentence & Avis dudit sieur Procureur du Roi confirmez par votre Sentence en datte du sixiéme Aoust mil six cent vingt-six, & icelle confirmée par autre Arrêt du trois Juillet 1627. & encore autre Arrêt ensuivant, en datte du septiéme jour de Decembre 1629. 27 Mars 1630. donné entre les parties par lesdites Sentences & Arrêts de Reglement, il est ordonné que les Statuts seront renouvellez & en execution desdites Sentences & Arrêts de Reglement, pour éviter aux frais & abus qui se commettent journellement, tant par les ouvriers qu'autres personnes non-experts ni capables, qui s'ingerent journellement aux fonctions & métiers desdits Supplians, & vendent

plusieurs

plusieurs marchandises défectueuses dont le public reçoit de grandes pertes, dépens, dommages & interêts; & pour éviter à ce que dit est , & faire mettre les ouvriers dans leurs devoirs, lesdits Maîtres Jurez Tapissiers vous ont presenté leur Requête, pour voir & examiner les Statuts & Ordonnances de leursdits Arts & Métiers qu'ils ont joints & compilez ensemble.

CE CONSIDERE', MONSIEUR, attendu que dit est, & qu'il vous appert desdites Sentences & Arrêts de Reglemens ci-attachez, ensemble les Statuts & Ordonnances, tant anciennes que nouvelles, jointes & compilées ensemble; il vous plaise iceux voir & examiner, tant pour l'interêt du Roi que de la commodité publique; pour ce fait, ayant été trouvez utiles pour le profit de leurs Communautez, ils puissent se retirer vers le Roi, afin d'obtenir Lettres Patentes de Sa Majesté pour la confirmation desdites Sentences, Arrêts & Reglemens; & vous ferez bien. Signé, MARIE.

Soit montre au Procureur du Roi. Fait ce vingt-sixiéme Mai mil six cent trente-six.　　　　　Signé, MOREAU.

SENTENCE ET AVIS
de Monsieur le Lieutenant Civil.

Du mercredi vingt-cinquiéme Juin 1636.

VEU par nous Michel Moreau, Conseiller du Roi en ses Conseils d'Etat & Privé, Prevôt des Marchands & Lieutenant Civil de la Ville, Prevôté & Vicomté de Paris, & Michel le Tellier, Procureur dudit Seigneur en son Châtelet de Paris, la Requête à Nous presentée par lesdits Maîtres Jurez & Gardes Tapissiers de Hautelisse Sarrazinois & Rentraitures, Courtepointiers, Neutrez, Coutiers de cette ville de Paris, expositive que par Arrêt du Parlement en datte du onziéme Novembre 1621. leursdits Arts & Métiers ont été joints & incorporez ensemblement, comme un semblable Art, Métier & Marchandise, & en execution duquel aprés l'option faite à la poursuite & diligence des Maîtres & Iurez Tapissiers de Hautelisse, Sarazinois, par Sentence & Avis rendus audit Châtelet le septiéme Octobre 1622. il a été ordonné que ledit Arrêt seroit executé; & ce faisant, que les deux Corps demeureront incorporez & les Statuts renouvellez & compilez ensemblement & homologuez en ladite Cour de Parlement, laquelle Sentence & Avis auroient été confirmez par autre Sentence du sixiéme Aoust 1626. & icelle confirmée par autres Arrêts du trois Iuillet 1627. sept Decembre 1629, & vingt sept Mars 1630, & ce pour éviter aux fraudes & abus qui se commettent journellement, tant par les ouvriers non experts ni capables, qui s'ingerent journellement ausdites fonctions & métiers desdits Exposans, & vendent plusieurs marchandises défectueuses dont le Public reçoit grande perte, dommages

& interêts ; pour éviter lefquelles & faire mettre les ouvriers dans leurs devoirs, ils nous auroient prefenté leurdite Requête , avec les Avis, Sentences & Arrêts ci-deffus énoncez, enfemble leurs Statuts & Ordonnances , tant anciennes que nouvelles de leurfdits Arts & Métiers, qu'ils ont jointes & compilées enfemble, pour iceux voir & examiner, tant pour l'interêt du Roi, que commodité publique, pour ce fait ayant été par Nous trouvez utiles pour le profit de leur Communauté , ils puiffent fe retirer vers Sa Majefté, pour obtenir Lettres de confirmation defdites Sentences & Reglemens. NOTRE AVIS EST, fous le bon plaifir de Sa Majefté , qu'elle peut aufdits Maîtres & Gardes Iurez Tapiffiers, donner Lettres de confirmation defdites Sentences, Arrêts & Reglemens, Statuts & Ordonnances, tant anciennes que nouvelles, jointes & compilées enfemble , pour être par eux gardées & entretenuës, en l'obfervation defquelles la chofe publique n'y a aucun interêt. Le jour & an que deffus. Signé , MOREAU & LE TELLIER , avec paraphes.

LETTRES PATENTES DU ROY,

QUI confirment les precedens Statuts & Reglemens.

LOUIS par la grace de Dieu , Roi de France & de Navarre : A tous prefens & à venir : Salut. Nos chers & bien amez les Maîtres Iurez Tapiffiers, de Hauteliffe , dits Sarazinois & de Rentraitures , & les Maîtres Iurez Tapiffiers, Courtepointiers, Neutrez, Nous ont remontré, qu'encore qu'ils ayent autrefois été deux Communautez féparées , ayant differens Statuts & Reglemens de leurs Arts, homologuez & confirmez par Lettres Patentes des Rois nos prédeceffeurs ; neanmoins fur les differends qui fe feroient meus entr'eux , pour raifon des entreprifes faites fur le métier des uns & des autres , par plufieurs Arrêts de notre Cour de Parlement de Paris , Iugemens & Sentences du Prevôt de ladite Ville ou fon Lieutenant Civil , en datte des vingt Mai mil fix cens vingt-deux, fix Aouft mil fix cens vingt-cinq, & troifiéme Iuillet mil fix cens vingt-fept, il auroit été ordonné qu'ils feroient joints, unis & incorporez enfemble , pour ne compofer qu'un Corps & une Communauté, & que pour cet effet les Statuts & Reglemens de leurs métiers feroient confondus & compilez par eux, pour être par nous confirmez, approuvez, verifiez & homologuez en notre Cour de Parlement de Paris , & où il appartiendra , pour être gardez & obfervez inviolablement ; en vertu defquels Sentences, Iugemens, Arrefts & Reglemens, les oppofans fe feroient affemblez, le Subftitut de notre Procureur General au Châtelet de Paris appellé ; lefquels auroient réduits, confondus & compilez tous lesdits Statuts & Reglemens de l'une ou de l'autre Communauté, ainsi qu'ils ont jugé être utile, tant pour le bien public, que celui de leur Corps, pour être desormais joints, unis & incorporez, conformément & au desir desdits Arrests ; pour la validité desquels Statuts & Reglemens ils auroient presenté leur Requête audit Prevôt de Paris ou son Lieutenant Civil, pour les voir & examiner, & sur iceux nous donner leur avis, laquelle ayant été communiquée au Substitut de notre Procureur General au Châtelet de Paris ; aprés avoir conjointement vû & examiné lesdits Statuts, ils auroient donné leur avis le vingt-cinquiéme jour de Iuin dernier, portant que sous notre bon plaisir, nous pouvons leur accorder la confirmation desdits Statuts & l'union desdites Communautez, conformément ausdits Arrêts, Sentences & Iugemens : Sur quoi les Exposans nous ont humblement requis nosdites lettres de confirmation. A CES CAUSES, desirant subvenir ausdits Exposans, de l'avis de notre Conseil qui a vû lesdits Arrêts de notre Cour de Parlement de Paris & autres Iugemens & Sentences donnez en consequence d'iceux, les anciens Statuts desdites Communautez & ceux qui ont été compilez d'iceux & autres piéces ci-attachées sous le contrescel de notre Chancelerie : Nous avons confirmé, ratifié & approuvé, de notre grace speciale, pleine puissance & autorité Royale, confirmions, ratifions & approuvons par ces presentes lesdits nouveaux statuts confondus & compilez des anciens statuts desdites Communautez, pour être gardez & observez de point en point selon leur forme & teneur, unis & incorporez suivant lesdits Arrests & les Avis de notre Prevôt de Paris ou son Lieutenant Civil & le Substitut de notre Procureur General au Châtelet de Paris ; faisant trés-expresses inhibitions & deffenses d'y contrevenir, nonobstant choses à ce contraires. SI DONNONS EN MANDEMENT à nos amez & feaux les Gens tenans notre Cour de Parlement, Prevôt de Paris ou son Lieutenant, à tous autres nos Iusticiers & Officiers qu'il appartiendra, que nos presentes lettres de confirmation & approbation, & de tout le contenu ausdits Statuts & Reglemens, ils fassent, souffrent & laissent joüir & user les Exposans & leurs successeurs pleinement & paisiblement, sans leur faire ni donner aucun trouble ni empêchement, CAR tel est notre plaisir. Et afin que ce soit chose ferme & stable à toûjours, nous avons fait mettre notre scel à ces presentes. DONNE' à Paris au mois de Iuillet l'an de grace 1636. & de notre Regne le vingt-septiéme. Et sur le repli est écrit, Signé, Par le Roy, DU MOLEAY. Et à côté, Visa, & scellées du grand sceau de cire verte en lacs de soye rouge & verte, avec le contrescel de Sa Majesté, & avec paraphe.

ARREST DE LA COUR
DE PARLEMENT.
QUI en ordonne l'Enregistrement.

VEU par la Cour les Lettres Patentes du Roi données à Paris au mois de Iuillet mil six cent trente-six, signées sur le reply, Par le Roy, DUMOLEAY, & scellées sur lacs du grand sceau de cire verte, par lesquelles & pour les causes y contenuës, confirme, ratifie & approuve les nouveaux statuts confondus & compilez des anciens statuts des Communautez des Maistres Iurez Tapissiers, Courtepointiers, Neutrez, pour être gardez & observez de point en point selon leur forme & teneur, lesdits statuts attachez sous le contrescel, avec les Arrests de ladite Cour, Sentence du Lieutenant Civil, Avis du Substitut du Procureur General au Châtelet & autres piéces étant sous le contrescel. Requête par lesdits Maistres Iurez Tapissiers presentée à ladite Cour le quinziéme Iuillet mil six cent trente-six, afin de verification desdites Lettres, Conclusions du Procureur General du Roi. Tout consideré, ladite Cour a ordonné & ordonne que lesdites Lettres seront regiftrées au Greffe d'icelle, pour joüir par les Impetrans de l'effet & contenu en icelles, suivant & ainsi qu'ils en ont ci-devant bien & dûëment joüi & usé, joüissent & usent encore à present. Fait en Parlement le vingt-troisiéme Août mil six cent trente-six. Signe, GUYET.

Regiftrées, oüi le Procureur General du Roi, pour joüir par les Impetrans de l'effet & contenu en icelles, suivant & ainsi qu'ils en ont ci devant bien & duement joüis & use, joüissent & usent encore à present. A Paris en Parlement le vingt troisiéme Aoust mil six cent trente six.

Signé, DUTILLET.

LETTRES DE CONFIRMATION
De l'union des Communautez des Tapissiers de Hautelisse avec les Courtepointiers, Neutrez & Coutiers.

LOUIS par la grace de Dieu Roi de France & de Navarre: A tous presens & à venir, Salut. Nos chers & bien amez les Maistres Iurez & Gardes de la Communauté des Maistres & marchands Tapissiers de Hautelisse Sarrazinois & de Rentraiture, Courtepointiers, Neutrez & Coutiers de notre ville de Paris; nous ont fait remontrer, qu'étant autrefois deux Communautez séparées, ayant

ayant de differens Statuts & Reglemens de leurs Arts , le feu Roy notre trés-honoré Seigneur & Pere que Dieu abſolve, les auroit par ſes Lettres Patentes du mois de Juillet mil ſix cent trente-ſix , unis & incorporez enſemble pour ne compoſer qu'une ſeule Communauté ; & pour cet effet , auroit confirmé & ratifié pluſieurs nouveaux Statuts qui auroient été confondus & compilez des anciens Statuts deſdites Communautez , conformément à pluſieurs Arrêts de notre Cour de Parlement de Paris , portant que pour obvier à pluſieurs procés & differends qui naiſſoient tous les jours entre leſdites Communautez , ils ſeroient unis & incorporez enſemble : leſquelles Lettres ayant été bien & dûëment verifiées en notredite Cour de Parlement par ſon Arrêt du vingt-troiſiéme Aouſt audit an mil ſix cent trente-ſix , les expoſans ont en conſequence de ce , joüi deſdits Statuts & Privileges , ſous le titre d'une ſeule Communauté. Et d'autant que par notre Declaration du vingt-quatriéme Octobre mil ſix cent quarante-trois , nous aurions ordonné entre - autres choſes , que toutes les Communautez des Arts & Métiers ſeroient taxées en notre Conſeil pour joüir de leurs Statuts & Privileges ; & les expoſans en conſequence d'icelles ayant été taxez en notre Conſeil à la ſomme de ſix mil cent cinquante livres, ils auroient icelle payée & acquitée ſuivant notre intention ; au moyen de quoi les Expoſans nous ont tres-humblement requis leur vouloir accorder nos lettres particulieres de confirmation de leurſdits nouveaux Statuts & d'union & incorporation de leurs Communautez. A C E S C A U S E S , deſirant ſurvenir auſdits Expoſans , de l'avis de notre Conſeil qui a vû leſdites Statuts & Lettres Patentes du mois de Juillet mil ſix cent trente ſix , de confirmation & ratification d'iceux , d'union & incorporation deſdites Communautez , l'Arreſt de notre Cour de Parlement de Paris du vingt-troiſiéme Aouſt audit an de verification deſdites Lettres , enſemble le rôle de la taxe faite en notre Conſeil ſur les Expoſans , de la ſomme de ſix mil cent cinquante livres , & quittance de notre Treſorier des parties caſuelles de ladite ſomme payée par leſdits Expoſans du vingt-troiſiéme Mars dernier , bien & dûëment contrôlée , Nous avons confirmé , ratifié & approuvé , de notre grace ſpeciale , pleine puiſſance & autorité Royale , confirmons , ratifions & approuvons noſdites lettres du mois de Juillet mil ſix cent trente ſix de confirmation deſdits nouveaux Statuts , d'union & incorporation deſdites Communautez , pour être le tout gardé & obſervé de point en point ſelon ſa forme & teneur : faiſant trés-expreſſes inhibitions & deffenſes d'y contrevenir , nonobſtant choſe à ce contraire. SI DONNONS EN MANDEMENT à nos amez & feaux les Gens tenans notre Cour de Parlement , Prevôt de Paris ou ſon Lieutenant , & à tous autres nos Iuſticiers & Officiers qu'il appartiendra , que nos preſentes lettres de confirmation & approbation & de tout le contenu en noſdi-

E

ces lettres du mois de Iuillet mil six cent trente-six & aufdits Statuts & Reglemens , ils faffent, fouffrent & laiffent jouir & ufer les Expofans & leurs fucceffeurs pleinement & paifiblement , fans leur faire ni donner aucun trouble ni empêchement ; C A R tel eft notre plaifir ; & afin que ce foit chofe ferme & ftable à toûjours, nous avons fait mettre notre fcel à ces prefentes. DONNE' à Paris au mois de Mai l'an de grace mil fix cent quarante-quatre , & de notre Regne le deuxiéme. Et fur le repli eft écrit, Par le Roy, Signé, G U E R I N, & fcellé du grand fceau de cire verte.

Quittance du Droit de Confirmation

J'A Y reçû des Maîtres & Marchands Tapiffiers de Hauteliffe Sarazinois & de Rentraitures, Courtepointiers , Neutrez, Coutiers à Paris , la fomme de fix mil cent cinquante livres à laquelle ils ont été taxez au Confeil du Roy , pour le Droit de Confirmation dû à fa Majefté à caufe de fon avenement à la Couronne, à caufe de leurs Privileges, fuivant la Declaration du vingt-quatriéme Octobre dernier. Fait à Paris le vingt-troifiéme jour de Mars mil fix cent quarante-quatre. Et à côté eft écrit, Quittance du Treforier des Parties Cafuelles & deniers extraordinaires de la fomme de fix mil cent cinquante livres. Signé DE FLANDRES. Et plus bas eft auffi écrit. au rôle du douziéme jour de Decembre mil fix cent quarante trois Et au dos eft pareillement écrit : Enregiftré au Contrôle General des Finances, par moi fouffigné à ce Commis par Meffire d'Hemery, Confeiller au Confeil d'Etat , & Contrôleur General des Finances de France. A Paris ce vingt-troifiiéme jour de Mars mil fix cent quarante-quatre. Signé BOULLARD.

LETTRES PATENTES
DU ROY.

Du mois de Mai 1656.

QUI décharge la Communauté des Maîtres Tapiffiers de toute taxe pour Lettres de Maîtrifes ; qui ordonne que nul ne fera admis audit Art fans faire chef-d'œuvre, & qui donne la qualité de Maîtres & Gardes Iurez à ceux qui font en Charge.

LOUIS par la grace de Dieu, Roy de France & de Navarre, A tous prefens & à venir ; SALUT. Les Maîtres & Gardes

Jurez Tapiſſiers, Hauteliſſiers, Courtepointiers ,Neutrez , de notre bonne ville & fauxbourgs de Paris , nous ont fait remontrer
qu'encore que les Rois nos predeceſſeurs , particulierement les Rois
Henry IV & Louis XIII. nos trés-honorez ayeuls & peres, ayent
apporté tous les ſoins imaginables pour rétablir dans le Royaume
la perfection des Manufactures , tant des tapiſſeries de Hauteliſſe
Sarazinoiſes, que des tapis façon de Turquie & autres ouvrages de
Levant, non-ſeulement par la conſideration de l'utilité que ces fa-
briques peuvent produire en empêchant le tranſport de l'or & de
l'argent hors du Royaume , & attirant celui des pays étrangers &
des Royaumes voiſins, mais auſſi par la raiſon de l'honneur & de
l'avantage que l'excellence deſdites Manufactures peut apporter
à l'Etat , & qu'ils ayent ſi heureuſement réüſſi dans ce deſſein , que
l'art , l'excellence & la perfection des ouvriers François ayent ſur-
paſſé de beaucoup toutes les Manufactures étrangeres , notredit dé-
funt pere le Roi Louis XIII. d'heureuſe mémoire , ait trouvé à propos de faire publier des deffenſes d'apporter & laiſſer entrer dans ce
Royaume aucunes tapiſſeries étrangeres au deſſus de mil livres la
tenture. Ayant même octroyé ſes lettres patentes, confirmatives &
approbatives de pluſieurs articles conformes aux Edits generaux de
Rois Henry III. & IV. pour le fait de la police generale des Arts
& Metiers qui avoient été pour ce ſujet ajoûtez aux anciens Statuts
des Expoſans. Néanmoins ils apprehendent que lés receptions for-
cées qu'ils ſont journellement obligez de faire tant de ceux qui ſont
porteurs des lettres de Maîtriſes, que d'un grand nombre d'igno-
rans qui ſortant des fauxbourgs apres trois années de réſidence en
iceux , viennent en vertu des privileges, à entrer dans la ville & à
jouir de la Maîtriſe, n'étouffe une ſi belle entrepriſe & un ſi loua-
ble deſſein , les uns ni les autres n'ayant jamais fait d'apprentiſſage ;
& qu'ainſi contre les intentions deſdits Rois nos prédeceſſeurs , &
même contre la nôtre, l'excellence & la perfection de ladite Manu-
facture de tapiſſeties ne ſe ruine. A CES CAUSES & attendu que
leſdits Expoſans nous ont pareillement fait remontrer qu'ils ſont
obligez tous les ans de tendre ou faire tendre des tapiſſeries les jours
& fêtes de l'octave du ſaint Sacrement , devant les maiſons de ceux
de nos Sujets qui font profeſſion de la Religion prétenduë reformée , tant aux fauxbourgs que dans notredite ville de Paris, moyen-
nant une ſomme modique de trois cent livres par chacun an , qui
leur doit être payée des deniers de notre épargne, qui n'eſt pas le
tiers de ce qui leur en appartiendroit legitimement , ayant tous les
ans plus de huit cent piéces de tapiſſeries à fournir & à tendre pour
ladite ſomme de trois cent livres, dont même il leur eſt dû plus de
quinze à ſeize années d'arrerages ; & que d'ailleurs leur Communauté ſeule eſt chargée tous les ans de recevoir Maîtres de la Ma-
nufacture de Levant deux des pauvres enfans qui ſont élevez &

inſtruits dans l'Hôtel de la Savonnerie. DESIRANT ſubvenir aux Expoſans & les obliger d'autant plus à ſe perfectionner dans leſdites Manufactures & autres ouvrages de leur Art, Nous avons par ces Preſentes ſignées de notre main, & de notre grace ſpeciale, pleine puiſſance & autorité Royale, dit & declaré, diſons & declarons qu'il nous plaît qu'à l'avenir ladite Communauté des Tapiſſiers de notredite ville & fauxbourgs de Paris, ſoit exempte & dechargée, comme par ceſdites Preſentes, Nous l'exemptons & déchargeons, de toutes lettres de Maîtriſes octroyées en faveur & pour quelque cauſe ou occaſion que ce ſoit, nonobſtant tous Edits, Arrêts & Lettres à ce contraires, auſquels nous deffendons à tous Juges & Officiers d'avoir égard; & en conſequence voulons & entendons, que ſuivant les nouveaux Statuts de ladite Communauté & les lettres de confirmation d'iceux, du mois de Iuillet 1636. nul ne ſoit admis Maître audit Art, qu'en faiſant apprentiſſage, chef-d'œuvre & experience, conformément à iceux & aux Arrêts de notre Cour de Parlement de Paris ſur ce intervenus; à la charge que leſdits Expoſans (ſuivant leurs offres) tendront tous les ans, ou feront tendre des tapiſſeries à leurs frais & dépens, aux jours & fêtes de l'octave du ſaint Sacrement, au devant des maiſons de noſdits Sujets faiſans profeſſion de la Religion prétendue Reformée, tant en notredite ville qu'aux Fauxbourgs d'icelle. SI DONNONS EN MANDEMENT à nos amez & féaux les Gens tenans notre Cour de Parlement à Parie, Prevôt dudit lieu, ou ſon Lieutenant Civil, & à tous nos autres Iuſticiers & Officiers qu'il appartiendra, que ces Preſentes ils ayent à faire enregiſtrer, garder & obſerver inviolablement & du contenu en icelles faire joüir les Expoſans pleinement & paiſiblement, ceſſant & faiſant ceſſer tous troubles & empêchemens au contraire, & ce nonobſtant toutes Ordonnances & lettres à ce contraires, auſquelles & aux dérogatoires des dérogatoires y contenuës, Nons avons dérogé & dérogeons par ceſdites Preſentes pour ce regard ſeulement: CAR tel eſt notre plaiſir. Et afin que ce ſoit choſe ferme ſtable à toûjours, Nous avons fait mettre notre ſcel à ceſdites Preſentes. DONNE' à Paris au mois de May, l'an de grace mil ſix cent cinquante-ſix, & de notre Regne le treziéme, Signé, LOUIS. Et ſur le repli, Par le Roi, LE TELLIER. Et au bout dudit reply *Viſa.* Signé, SEIGUIER. Et à côté ſur le même repli eſt écrit:

Regiſtrées, oüi le Procureur General du Roy, pour être executées ſelon leur forme & teneur, & joüir par leſdits Impetrans de l'effet & contenu en icelles, aux charges portées par l'Arrêt de ce jour. A Paris en Parlement le premier Iuillet mil ſix cent cinquante ſix.

Signé DUTILLET.

EXTRAIT

EXTRAIT DES REGISTRES DE PARLEMENT.

V E U par la Cour les Lettres Patentes données à Paris au mois de Mai mil six cens cinquante six , obtenuës par les Maîtres & Gardes Iurez Tapissiers, Hautelissiers, Courtepointiers, Neutrez de Paris, signé LOUIS, & sur le repli , par le Roi, le TELLIER, & scellées sur lacs de soye du grand Sceau de cire verte; par lesquelles & pour les causes y contenuës , ledit Seigneur Roi desirant subvenir ausdits Maîtres & Gardes Iurez Tapissiers & les obliger d'autant plus à se perfectionner dans lesdites Manufactures & autres Ouvrages de leur Art, auroit declaré qu'il lui plaît qu'à l'avenir ladite Communauté des Tapissiers de cette Ville & Fauxbourgs de Paris , soit exempte & déchargée de toutes lettres de Maîtrises octroyées en faveur & pour quelque cause & occasion que ce soit, nonobstant tous Edits, Arrests & Lettres à ce contraires , ausquelles ledit Seigneur Roy défend à tous Iuges & Officiers d'avoir égard ; & à cet effet, veut & entend que suivant les nouveaux Statuts de ladite Communauté & Lettres de confirmation d'iceux du mois de Iuillet 1636. nul ne soit admis audit Art , qu'en faisant apprentissage , chef-d'œuvre & experience , conformément à iceux, & aux Arrêts de la Cour sur ce intervenus ; à la charge que lesdits Maîtres & Gardes Iurez Tapissiers , suivant leurs offres , feront tendre des tapisseries à leurs frais & dépens , au jour & Fête de l'Octave du Saint Sacrement , au devant des maisons de ceux qui font profession de la Religion pretenduë reformée , tant en la ville qu'aux fauxbourgs d'icelle; ensemble les Statuts attachez sous le contre-scel , comme il est plus au long porté par lesdites Lettres à la Cour addressantes. Requeste presentée à ladite Cour par lesdits Impetrans, afin d'enregistrement ; conclusions du Procureur General du Roy, & tout consideré LADITE COUR a ordonné & ordonne que lesdites Lettres seront registrées au Greffe d'icelle , pour être executées selon leur forme & teneur , & joüir par lesdits impetrans de l'effet & contenu en icelles , à la charge que lesdits Maîtres & Gardes Jurez Tapissiers feront tendre des tapisseries à leurs frais & dépens au jour & fête de l'Octave du Saint Sacrement , au devant des maisons de tous les Sujets dud. Seigneur Roi, faisant profession de la Religion pretenduë reformée, & autres lieux publics où l'on a accoûtumé de tendre lesdits jours , tant en la Ville de Paris, qu'aux Fauxbourgs d'icelle. Fait en Parlement le premier Juillet mil six cens cinquante-six.

Signé, DUTILLET.

E

Regiſtrées au Greffe du Baillage du Palais à Paris, du conſentement du Procureur du Roi, pour jouïr par les Impetrans de l'effet du contenu en icelles ſuivant la Sentence de ce jourd'hui rendue au Baillage du Palais à Paris. Fait ce ſeptiéme Iuillet 1656, ſigné, CHARPENTIER.

Lûes & publiées en Iugement l'Audiance tenante au Baillage de S. Germain des Prez, ouï ce conſentant le Procureur Fiſcal dudit Baillage, pour eſtre executées ſelon leur forme & teneur, & enregiſtrées au Greffe dudit Baillage le Ieudi troiſiéme jour d'Aouſt 1656, ſigné, LAISNE'.

Lûes & publées en Iugement, l'Audiance tenante au Parc Civil du Châtelet de Paris, ouï ſur ce les Gens du Roi, pour eſtre executées ſelon leur forme & teneur, & regiſtrées és Regiſtres des Bannieres dudit Châtelet, le ſamedi quinziéme Iuillet 1656, ſigné LE MENEAU.

Regiſtrées au Greffe du Baillage de Saint Victor lez Paris, du conſentement du Procureur Fiſcal, pour eſtre executées ſelon leur forme & teneur, le Vendredi onziéme jour d'Aouſt 1656, ſigné DOUBLET. *Et ſcellées du grand ſceau de cire verte en lacs de ſoye verte & rouge, avec le contreſcel.*

LES HUIT ARTICLES DE REGLEMENT
Nouveau pour eſtre ajoûtez aux Statuts & interpretation d'iceux, arreſtez par l'avis des Gardes, des anciens Gardes de tous les Douze en charge, des anciens Douze & de tous les Maiſtres de la Communauté à l'Aſſemblée generale tenüe à cet effet au Bureau le 13 Mars 1717.

I

QUE chaque Maiſtre ne pourra avoir qu'un ſeul apprenti à la fois obligé pour ſix années, pendant leſquelles le Maiſtre n'en pourra prendre d'autre, & qu'il ſoit né François, & de la Religion Catholique, Apoſtolique & Romaine ; qu'un Maiſtre neanmoins pourra prendre le tranſport d'un brevet d'un apprenti obligé avec un autre Maiſtre qui viendra à déceder ou à quitter ſa profeſſion, ſur peine d'amende.

II

Que l'apprenti ſera obligé pour ſix années, pendant leſquelles il ſera tenu d'apprendre ſon métier, le Maitre de luy montrer, ſans que l'apprenti puiſſe aller demeurer ailleurs pendant les ſix années de ſon apprentiſſage, dont il donnera bonne & ſuffiſante caution, & ne pourra eſtre racheté de ſon temps pour quelque cauſe que ce ſoit. Il en ſera paſſé Acte pardevant Notaires, dont l'expedition quinzaine aprés qu'il aura eſté paſſé, ſera apportée, pour eſtre enregiſtrée dans un regiſtre, qui ſera tenu au Bureau de la Communauté par les Iurez & Gardes, qui delivreront un Acte dudit enregiſtrement, à compter du jour duquel ſeulement les ſix années d'apprentiſſage commenceront à courir, à l'expiration deſquelles ſix années le Maître & l'Apprenti seront requis de rapporter au Bureau le brevet & l'Acte d'enregistrement d'icelui, le tout quittancé & déchargé par le Maître, pour en être fait mention sur ledit regiſtre. Aprés que ledit apprenti aura ſervi chez les Maîtrespendant trois années en qualité de compagnon, il pourra ſe preſenter pour eſtre admis à chef-d'œuvre, & enſuite eſtre reçû Maître, s'il eſt jugé capable ; de ſorte que nul ne pourra eſtre reçû Maître, qu'il n'ait travaillé neuf années, avec deffenſe de contrevenir à l'article ci-deſſus, à peine de nullité de brevet & ſous peine d'amende.

III.

Que l'on ne pourra recevoir aucun homme marié pour apprenti, ſinon à condition que leurs enfans nez avant que leur pere eût été reçû Maître, ne pourront eſtre reçûs comme fils de Maîtres, & au contraire les enfans ſeront tenus de faire apprentiſſage pendant ſix années, & faire chef-d'œuvre comme les apprentis de Paris.

IV.

Que nul fils de Maître ne pourra tenir boutique pour ſon compte particulier, qu'il n'ait vingt ans accomplis, conformément à l'Arreſt du Parlement du ſix Iuin 1657; & qu'aucun Maître ne pourra prendre d'apprentis ſous d'autre nom que le ſien, ſi ce n'eſt ſous le nom de ſon fils étant Maître & âgé au moins de quinze ans, & demeurant chez ſon pere; & ſeront tenus de payer la viſite conformément à l'Arrêt du Conſeil de 1697.

V.

Que les fils de Maiſtres qui ſe trouveront avoir eſté nez avant la maîtriſe de leurs peres, ne pourront être reçûs Maîtres & Marchands Tapiſſiers, à moins qu'ils ne faſſent chef-d'œuvre, comme les apprentis, conformément aux Arreſts du Parlement du 3 Avril 1675, & cinq Mars 1680.

VI.

Qu'aucun Maître ne pourra loüer ſon Privilege à qui & pour quelque cauſe que ce ſoit, comme auſſi ne pourra faire de ſocieté que ce ne ſoit avec une perſonne qui ait qualité de Maître à Paris, ſous peine d'amende.

VII.

Que les Veuves ne pourront loüer leur Privilege, pour quelque cauſe que ce ſoit, mais pourront tenir boutique elles-mêmes, à la charge d'avoir un garçon qui ſoit apprenti de Paris & d'experience, afin que le public ne ſoit point trompé.

VIII.

Pour prevenir les abus qui ſe commettent journellement par des Maîtres qui prennent des allouez & les font paſſer pour compagnons & ouvriers de Provinces, les Garçons Tapiſſiers qui ne ſeront point apprentis de Paris ne pourront travailler chez les Maîtres ſans une Lettre de permiſſion qu'ils ſeront tenus de venir prendre au Bureau, laquelle leur fera délivrée par les Iurez & Gardes, & que les Maiftres ne pourront fe fervir & faire travailler chez eux lefdits Compagnons, non apprentis de Paris, qu'ils ne leur ayent fait paroiftre la lettre de permiffion, fous peine d'amende.

SENTENCE DE POLICE

Du dix-neuviéme Septembre 1670.

QUI confirme l'avis de la Communauté touchant le tems de fix années d'apprentiffage.

A TOUS ceux qui ces prefentes Lettres verront, Achilles de Harlay, Confeiller du Roi en fes Confeils, fon Procureur General & Garde de la Prevoté & Vicomté de Paris, le Siége vacant, SALUT : Sçavoir faifons, que vû la Requête à nous prefentée par les Gardes Iurez de la Communauté des Marchands Tapiffiers de cette Ville & Fauxbourgs de Paris, par laquelle ils nous auroient expofé que fuivant notre ordonnance & permiffion étant au bas de la Requefte par eux à Nous prefentée le 25 Septembre dernier, ayant fait affembler les Maiftres de ladite Communauté en leur Bureau, pour déliberer fur les motifs de ladite Requefte pour la reformation des apprentis ; & leur ayant à cet effet prefenté trois memoires fur le fujet de ladite affemblée, afin qu'un chacun pût donner fon fuffrage fur ce qui feroit le plus utile & avantageux à ladite Communauté ; & enfuite le figner, le plus grand nombre defdits Maiftres auroit été d'avis que l'on ne pourroit à l'avenir avoir qu'un feul apprenti de fix ans en fix ans : & autres en nombre moindre de vingt-un, que l'on feroit douze ans fans prendre ni obliger aucun apprenti; & ainfi lefdits Gardes Iurez fe trouvoient obligez de fuivre la pluralité des voix, qui étoit que chaque Maiftre ne pourroit prendre qu'un apprenti en fix ans : ce qu'ils ne pouvoient faire neanmoins, qu'il ne fût ainfi ordonné & ftatué par Nous, afin de le faire fignifier à tous lefdits Maiftres, pour eftre par eux obfervé, avec défenfes d'y contrevenir, à peine de cinquante livres d'amende contre les Maiftres, & de nullité de brevets d'apprentiffage, & ce pour vingt-quatre années feulement, pour aprés l'apprentiffage fait par les apprentifs, fervir les Maiftres pendant trois autres années, comme compagnons, fuivant les Ordonnances. Vû auffi les deux Actes de déliberations du dix Février dernier. fignez de tous les Maitres de ladite Communauté, contenans leurs avis & fuffrages, l'un & le plus fort de vingt-une voix, étant que l'on ne pourra prendre qu'un apprenti de fix ans en fix ans, & l'autre étant que l'on ne pourra prendre

aucun

VIEUX ET NOUVEAUX

STATUTS ET ORDONNANCES

DES MAISTRES ET MARCHANDS TAPISSIERS

de Hauteliſſe, Sarraſinois, Rentraitures de Tapiſſeries,

Rendus és années 1277, 1290, 1302, 1618.

ESSIEURS,

J'AI creû qu'il étoit fort inutile de mettre à la tête de ce petit ouvrage les anciens & differens Statuts émanez du Trône des Rois de la premiere & seconde Race : ils sont conçûs dans un stile si obscur, si confus & si embaraſſé que j'ai jugé à propos de les passer sous silence, & de m'arréter uniquement à rapporter les nouveaux, comme étant beaucoup plus à notre portée,

a*

& même en quelque façon beaucoup plus neceſſaires; puiſque les Rois qui ont ſuccedé à ces premiers Monarques, ont fait d'autres Reglemens, qui en renfermant tout le meilleur, & en abſorbant, pour ainſi dire, toute la moüelle, les rendent tout à fait defectueux & inutiles. I'ai cependant crû qu'il étoit de mon devoir de vous en faire un précis le plus ſuccinctement que je pourrois, tant afin de ne vous point ennuyer, que pour vous faire connoître que l'on ne ſçauroit trop remercier le Ciel d'avoir donné à la France des Rois toujours attentifs à l'avancement des arts. Ie dirai donc que ces Princes dans ces anciens Statuts, commencent par lier le Maître avec le valet de cet art, ainſi appellé dans ces anciennes Ordonnances, par un ſerment auquel ils vouloient que fuſſent engagez l'un & l'autre: enſuite ils établiſſent les coûtumes dudit art & fixent le tems de l'apprentiſſage avec la maniere de travailler les ouvrages de Hauteliſſe & Sarrazinois; enfin leurs ſoins paternels s'etendent juſques ſur les Veuves, auſquelles ils accordent de grands avantages, avec cette reſtriction qu'ils les declarent déchûës de ces mêmes avantages, s'il leur avenoit, comme parlent ces Ordonnances, qu'elles ſe mariaſſent à aucun prudhomme, qui ne fût du métier. Ainſi les Rois ſucceſſeurs de ceux-ci ont poli, limé, & j'oſe dire, perfectionné, quoique ce terme n'appartienne qu'au Regne glorieux de Louis LE GRAND. qui de ſon vivant par des ſoins plus qu'humains, ſemble avoir pouſſé cet art juſqu'au dernier periode de perfection. Ces vieilles Ordonnances n'inſtruiſant de rien qui puiſſe vous paroître nouveau, ſi ce n'eſt une choſe que je remarquerai en paſſant, qui eſt bien digne de la pieté de nos peres, leſquels prirent pour Patrône la glorieuſe Ste Geneviéve, à l'exemple de la capitale de cet Empire, qui depuis tant de ſiécles, en a reſſenti de ſi puiſſans effets auprés de Dieu: Ces vieiles Ordonnances, dis-je, ne vous effaroucheront pas davantage par leur antiquité, qui remonte juſqu'en l'année 1277. que la premiere fut homologuée au Châtelet. Les Statuts de 1290, approchent du même ſtile & y ſont auſſi homologués avec ceux de 1302, qui ſont un peu plus augmentez, parce qu'on y parle de ce qui concernoit pour lors la Police & l'inſtruction qu'on y donnoit pour le travail, & que l'on s'y étendoit aſſez amplement pour ce tems là au ſujet du commerce: Enfin notre corps voyant que ces trois anciennes Lettres Patentes données ſous divers Regnes ſi éloignez du nôtre, ne preſentoient à l'eſprit que des termes enveloppez d'obſcurité & de tenebres, qu'on n'y marchoit, pour ainſi dire, qu'à tâton, jugea à propos d'éclaircir, de débroüiller ces Statuts, & de les faire mieux comprendre, en les donnant dans le ſtile, où LOUIS XIII. de glorieuſe memoire les donna en 1618.

L OUIS par la grace de Dieu, Roy de France & de Navarre: A notre Prevôt de Paris ou ſon Lieutenant Civil & à notre Procureur du Châtelet dudit lieu; SALUT. Ayant vû dans notre Conſeil les articles qui ont été preſentez par les Maîtres Tapiſſiers de Hauteliſſe, Sarazinois, dit Rentraitures, de notre Ville, Prevôté & Vicomté de Paris, concernant leur Art & Métier, pour iceux joindre & augmenter aux Statuts & Ordonnances, qui leur ont été accordez és années 1277. 1290. & 1302. Nous aurions eſtimez être à

propos auparavant que de leur accorder lesdits articles d'avoir votre avis sur la commodité ou incommodité d'iceux. A CETTE
CAUSE, Nous vous renvoyons lesdits articles ci-attachez avec lesdits anciens Statuts & Ordonnances sous notre contrescel, & vous
mandons & ordonnons par ces Presentes, que vous ayez à les voir &
diligemment examiner, pour sur iceux nous donner votre avis par
écrit selon vos loyautez & consciences; de ce faire vous donnons pouvoir, commission & autorité; CAR tel est notre plaisir. DONNE'
à Paris le troisiéme jour de Juillet l'ande grace mil six cent dix-huit,
& de notre Regne le neuviéme, Signé, Par le Roy, PHILIPPIER,
& scellé.

Collation de la presente copie a été faite à son original écrit en parchemin, ce fait
rendu par les Notaires & Garde-Notes du Roy, notre Sire au Châtelet de Paris,
soussignez, l'an mil six cent vingt-quatre le onziéme jour de Novembre.
FOURNEL, LASONTO.

Et sont les Ordonnances & nouveaux Articles, qui sous le bon
plaisir du Roy seront ajoûtez aux anciens Statuts de la Communauté des Marchands Tapissiers de Hauteliffe, Sarrasinois, dit Rentraitures, de la Ville, Prevôté & Vicomté de Paris, pour être iceux &
leurs successeurs à l'avenir, qui voudront parvenir franchement en
ladite Maîtrise, en tous actes gardez & observez de point en
point selon leur forme & teneur, & prouver le serment en tel cas requis & accoûtumé.

I.

Qu'il sera loisible à tous Maîtres dudit Art & Métier, de recevoir à leur service autant d'Apprentifs qu'il s'en pourra presenter, enfans de famille, de bonne vie & probité, pour faire leur apprentissage six ans, jurant lesdits, qu'ils ne pourront sortir ni s'en aller d'a-
vec eux, n'ayant accompli ledit temps, sans qu'aucun desdits Maîtres les puissent mettre en besogne, & qu'il ne leur soit apparu des
brevets quittancez dudit apprentissage en bonne & dûë forme &
écrits au Regiftre de la Communauté.

II.

Qu'aucun Maître ne pourra prendre de Compagnon d'aucun Maître
dudit Métier qu'il n'ayent achevé la besogne & ouvrage par lui en-
commencé, ou qu'il ne soit du consentement des uns & des autres,
à peine d'amende.

III.

Que nul Compagnon dudit Art ne pourra parvenir, acquerir ni
avoir la franchise de ladite Maiftrise, qu'il n'ait fait experience de
chef-d'œuvre, selon & ainsi qu'il leur sera enjoint par les Jurez.

IV.

Qu'aucun Compagnon ne pourra s'ingerer ni entremettre de la
fonction desdits Maîtres, soit pour faire tapisserie de Hauteliffe neu-

ve ou autre , soit pour racoûtrage & rentraiture, de quelque sorte de
besogne que ce soit , concernant ledit Art, ni pareillement d'en dresser ni mettre sur aucun métier & autre ustancile , à peine de confiscation & d'amende appliquable , moitié au Roy, & l'autre aûx Jurez.

V.

Que nul Compagnon ne pourra avoir apprentif sous lui ni faire
ouverture de boutique sur peine de vingt livres d'amende , & que
tous apprentifs dudit Art seront privez à jamais d'icelui exercer s'ils
ne font apparoir leurs brevets.

VI.

Que tous fils de Maistres seront reçûs à ladite Maistrise sans être
tenus de faire chef-d'œuvre, sinon une legere experience à l'option
des Jurez, en payant leurs droits & piéces dûës à la Justice.

VII.

Que les veuves des Maîtres aprés le decés de leurs maris , qui a-
voient besogne commencée , se retireront pardevant les Jurez pour
leur pourvoir sur le parachevement d'icelle comme de raison , &
pourront lesdites veuves tenir boutique & & travailler de rentraiture, sans que personne les puisse empêcher , en souffrant la visitation , & seront lesdites veuves payées de l'ouvrage, selon l'accord à icelle baillé récompense avant qu'icelle emporter.

VIII.

Que les Jurez allans visiter & trouvans en la boutique d'un desdits Maistres Tapissiers de Hautelisse, des ouvrages où il y auroit des
trous mal façonnez & des relais cousus avec du fil ou bien de la peinture appliquée sur la tapisserie , pourront saisir pour en faire rapport
à la Police, pour le faire confisquer & le saisi mulêter d'amende, comme chose pernicieuse & fausse à l'égard de leur Art.

IX.

Que tous les apprentis sortans d'apprentissage, payeront trois sols
parisis pour aider à faire dire & celebrer une fois l'an le Divin Service le jour & fête de sainte Genevieve.

X.

Que tous Compagnons étrangers venans en France pour travailler
dudit Art , payeront trois sols parisis, lesquels à faute de payer, les
Maistres où ils travailleront les avanceront pour eux , sauf à le recouvrer sur leurs journées.

XI.

Que s'il y avoit aucun Maître qui se voulût ingerer de rentraire
seulement , ne pourra avoir qu'un apprenti sans aucun métier dressé
servant à faire tapisserie neuve de Hautelisse.

XII.

Quand se trouve en visitation quelque tapisserie de rentraiture
chaisnée de fil, elle sera saisie par les Jurez , & leur rapport fait en
Iustice pour être consignée à l'amende & adjugée sur le saisi.

XIII.

... . douze ans. Nous apres que le tout a été de
notre Ordonnance communiqué au Procureur du Roy , & faisant
droit sur ses conclusions , Avons ordonné que les Maîtres ne pourront prendre à l'avenir aucun apprenti que de six ans en six ans ; &
que lesdits apprentifs feront six années d'apprentissage, aprés lesquelles ils ne pourront se presenter ni être reçûs à la maîtrise qu'ils
n'ayent servi autres trois années chez les Maîtres en qualité de compagnons, le tout à peine de cinquante livres d'amende contre les Maîtres , & de nullité de Brevets d'apprentissage. Et feront les presentes executées, nonobstant oppositions ou appellations quelconques,
& sans prejudice d'icelles. En témoin de quoi nous avons fait sceller
ces presentes. Ce fut fait & donné par Messire Gabriel Nicolas de
la REYNIE, Conseiller du Roy en ses Conseils d'Etat & Privé,
Maître des Requêtes ordinaire de son Hôtel , & Lieutenant de Police
de la Ville , Prevôté & Vicomté de Paris, le Vendredi dix-neuviéme
Septembre mil six cens soixante dix , Collationné,

Signé, SAGOT, Greffier.

*L'Homologation de ces huit Articles de Reglement, se trouvera
dans le gros livre imprimé de la Communauté.*

XIII.

Que tous métiers tant de Hautelisse , que Rentraiture , payeront chacun deux sols par mois, & les Compagnons, un sols, pour subvenir aux Iurez , qu'il conviendra faire à la Communauté.

XIV.

Que s'il arrive aucun Marchand , soit forain ou étranger , comme de Flandres, d'Auvergne, Feüilletin & autres lieux, amenant ou envoyant des tentures de tapisseries, tapis ou semblables marchandises en cette ville , fauxbourgs de Paris, pour icelles vendre & debiter, ne pourront délier les balles & balots, fardeaux & autres charges , sans appeller les Gardes-Iurez de Hautelisse & Rentraiture, pour icelles visiter si-tôt & incontinent l'arrivée , afin de separer la bonne d'avec la mauvaise , éviter aux fraudes & abus qui se pourroient commettre au préjudice du Public;& celui-là qui l'aura venduë ou achetée sans être visitée, payera trois livres d'amende ; comme aussi les Marchands & Etrangers de cette ville, qui auront vendu ladite marchandise sans l'avoir fait visiter & marquer de la marque des Iurez Gardes (pour le droit de laquelle sera payé quatre sols parisis , pour chaque sceau , pareille somme d'amende payeront, appliquable comme dessus.

Droits at-
tribuez au pro-
fit de la Com-
munauté.

XV.

Qu'il sera permis aux Iurez Tapissiers de Hautelisse & Rentraiture, d'aller en visitation en tous lieux & endroits, magasins, boutiques & aux Hôtelleries de la ville, fauxbourgs & banlieuë de Paris , où ils sçauront qu'il se fait de la tapisserie neuve & rentraiture ou rafraîchissure en icelle ville, aux lieux privilegiez , pour en voir & visiter & en faire rapport à la Police , en observant les presentes Ordonnances.

XVI.

Que deffenses soient faites à toutes personnes d'entreprendre en quelque façon que ce soit de racoûtrer & rentraire aucune sorte de tapisserie de hautelisse ou autre , ni la rafraîchir & remettre en couleur, ou attacher aucune piéce necessaire en icelle, qu'ils n'ayent fait apprentissage leur temps de six ans sous un Maître reçû en cette ville de Paris.

XVII.

Que tous Compagnons & Apprentis qui voudront franchement parvenir à ladite Maîtrise , se retireront pardevant les Iurez de hautelisse & rentraiture , pour par eux leur être pourvû chef-d'œuvre , comme de raison.

XVIII.

Que tous & chacuns les Maîtres desdits Arts tenus le quatriéme jour de Ianvier tous les ans pour faire élection de deux Iurez, sçavoir, l'un Maître de Hautelisse, & l'autre, de Rentraiture , qui feront le serment en la maniere accoûtumée en la Chambre & pardevant Mon-

H

sieur le Procureur du Roy au Châtelet de Paris, pour conserver &
garder les presents Statuts, qui ordonnent qu'ils pourront aller lesdits
Iurez en visitation une fois le mois , feront leur rapport en leur
conscience des abus & malversations qui viendront à leur connoissance en la Chambre pardevant ledit sieur Procureur du Roy, lesquels
Maîtres seront tenus payer pour la visitation des piéces , huit sols.

XIX.

Qu'il sera fait deffenses à tous Maîtres de Rentraiture d'avoir plus
d'un apprenti durant lesdites six années , sinon qu'il leur sera permis
un an devant ledit tems expiré d'en prendre un autre sur peine d'a-
mende.

XX.

Que les veuves des Maîtres de Rentraiture pourront aprés le trépas
de leurs maris tenir boutique ouverte avec ustancile , & y faire travailler en souffrant la visitation des piéces de Hautelisse & Rentraiture ; & se mariant à d'autres qui ne seront dudit Art, seront privées
& déchûës du privilege d'icelle.

XXI.

Que tous fils de Maîtres de Rentraiture seront reçûs Maîtres dudit Métier en faisant par eux seulement une legere experience, sçavoir que ceux qui se presenteront , feront chef-d'œuvre devant les
Iurez , en leur payant leur salaire.

XXII.

Que tous Maîtres, Compagnons & Apprentis de Rentraiture seront tenus à pareils droits & devoirs que les Tapissiers de Hautelisse
ci-dessus mentionnez.

XXIII.

Qu'il sera permis tant aux Maîtres Tapissiers de Hautelisse, que
de Rentraiture, de racoutrer & mettre en couleur toutes sortes de
tapis, de tapisseries, de Turquie, même d'en achepter & vendre
neuve ou vieille , sans qu'il leur soit donné aucun trouble ni empêchement.

XXIV.

Que tous Maîtres de Rentraiture seront tenus de rentraire & bien
& dûëment toutes sortes de tapisseries, au plus proche qu'elles étoient,
avant qu'être rompuës & en entier, faisant à tous chaîne de laine amplement préalablement, comme est dit.

XXV.

Que deffenses soient faites à toute personne, de quelque qualité
& condition qu'elle soit , de travailler dudit Art , s'il n'est Maître
en icelle , de transporter ou faire transporter, soit en cette ville ou
fauxbourgs de Paris , aucune tapisserie & tapis de Turquie concernant ledit Métier , pour racoûtrer & rafraîchir , à peine de cent livres d'amende, appliquable moitié au Roy & l'autre moitié aux Iurez.

XXVI.

Que l'ouvrage ne se trouvera contraire aux Bruxelles, és dessein ni patron de Maiſtre de Hauteliſſe , par quoy il ſera tenu de payer trois ſols par bâton, & le Compagnon qui aura fait ledit ouvrage ſera tenu de payer deux ſols, appliquable aux Iurez.

XXVII.

Qu'aucun Compagnon ne pourra quitter ſes Maiſtres , à qui il aura entrepris de l'ouvrage, qu'il ne ſoit parachevé, ſi ce n'eſt par faute de payement ; ſatisfaction d'icelui ou fourniture de couleur , ou bien d'eſtre moleſté rudement, dont il y aura une preuve ſuffiſante , & ſeront tenus les Compagnons de travailler dudit Art depuis cinq heures du matin juſqu'à ſept heures en eſté, en hyver depuis ſix heures du matin , juſqu'à huit heures du ſoir.

VE U par Nous Henry de Meſmes , Seigneur d'Yval, Conſeiller du Roy en ſon Conſeil d'Etat & Privé, Lieutenant Civil de la ville , prevôté & vicomté de Paris ; & Claude de Preau , auſſi Conſeiller du Roy & ſon Procureur au Châtelet, les anciennes Ordonnances des Maiſtres Tapiſſiers de Hauteliſſe, Sarraſins, dit Rentraiteurs, de cette Ville, Prevôté & Vicomté de Paris , & les nouveaux articles par eux dreſſez & preſentez au Roy, étant au nombre de vingt-ſept, pour être ſous le bon plaiſir de Sa Majeſté , ajoûtez auſdites anciennes Ordonnances & Statuts, enſemble les lettres à nous adreſſantes, obtenuës par leſdits Maiſtres Tapiſſiers de Hauteliſſe , Saraſinois, dit-Rentraiture , le troiſiéme de Iuillet mil ſix cent dix-huit du paſſé, par leſquelles Sa Majeſté Nous auroit renvoyé leſdits nouveaux Articles avec leſdits anciens Statuts & Ordonnances attachez ſous le contreſcel de la Chancelerie, pour les voir & examiner , & ſur ce donner notre avis par écrit ſelon qu'il eſt plus au long porté par leſdites lettres.

Notre avis & ſous le bon plaiſir du Roy & de Noſſeigneurs de ſon Conſeil, leſdits vingt-ſept nouveaux articles en la forme qu'ils ont été dreſſez, ſont juſtes & raiſonnables , partant qu'ils peuvent être accordez auſdits Maiſtres & Marchands Tapiſſiers de Hauteliſſe , Sarraſinois, dit Rentraiture , Corps & Communauté de cette ville, & ajoûtez auſdites anciennes Ordonnances, pour être gardées & obſervées , afin d'éviter aux abus qui pourroient ſe commettre au fait de ladite marchandiſe. Fait à Paris le vingt d'Aouſt mil ſix cent dix-huit. Signé HENRY DE MESMES, & CLAUDE DE PREAU·

LO U I S par la grace de Dieu, Roy de France & de Navarre : A tous préſens & à venir ; SA L U T. Nos chers & bien amez les Maiſtres Tapiſſiers de Hauteliſſe, Sarraſinois, dit Rentraiture, de notre Ville , Prevôté & Vicomté de Paris , Nous ont trés-humblement remontré que de tout tems & ancienneté pour remedier aux abus & malverſations qui ſe commettoient en leur métier, ils au

roient fait naiftre plufieurs neceffaires Ordonnances (homologuées
où befoin a été) pour être obfervées & gardées pour le bien & utilité de la chofe publique; mais d'autant qu'à l'occafion de la longueur
du temps & de la mutation qui eft furvenuë en toutes chofes, leurs
anciennes Ordonnances ne fe trouvent fuffifantes pour retenir les
ouvriers en leur devoir, ils auroient par de nouveaux Articles avec
les vieux, vûs & approuvez par nos Lieutenant Civil & Procureur
au Châtelet, fuivant le renvoy par nous à eux fait, augmentez de
peines lefdits Statuts, à caufe que les ouvrages & façons font à prefent du tout changées, le langage qui étoit peu intelligible & les noms
impropres, lefquels vieux & nouveaux articles, ils nous ont tres
humblement fupplié & requis leur vouloir agréer, ratifier & approuver: Sçavoir faifons, que nous inclinant à leur fupplication, aprés
avoir fait voir en notredit Confeil lefdits anciens Articles corrigez
en l'augmentation de peines, enfemble les nouveaux par eux ajoutez
avec l'avis de nofdits Lieutenant Civil & Procureur audit Châtelet y
attachez fous le Contrefcel de notre Chancellerie. Avons toutes &
chacunes lefdites Ordonnances & Statuts tant anciennes que modernes, confirmées, agrées & approuvées, & par ces Prefentes confirmons, agréons & approuvons, voulons & nous plaît qu'elles foient
dorénavant obfervées & gardées de point en point felon leur forme &
teneur pour en joüir par les Impetrans & leurs fucceffeurs audit métier & trafic de ladite marchandife pleinement, paifiblement & à
toujours perpetuellement: Si Donnons en Mandement à
nos amez & feaux Confeillers, les Gens tenans notre Cour de Parlement à Paris, Prevôt dudit lieu, ou fes Lieutenans & tous autres qu'-
il appartiendra, que de nos prefentes Lettres de Confirmation d'Ordonnances & Statuts, ils fouffrent, faffent & laiffent joüir & ufer lefdits Supplians & leurs fucceffeurs à l'avenir pleinement & paifiblement fans y contrevenir. Car tel eft notre plaifir, & afin que ce foit
chofe ferme & ftable à toujours, nous avons fait mettre notre Scel à
cefdites Prefentes, fauf en autres chofes notre droit & l'auteur en tou.
tes. Donne' à Paris au mois d'Aouft l'an de grace mil fix cens dix-
huit, & de notre Regne le huitiéme, figné fur le repli, PAR LE
ROY, Philippier, & fcellé du grand Sceau de cire verte.

*Collation de la prefente copie a été faite á fon original écrit en ces Prefentes fut rendu
par les Notaires & Garde-Nottes du roy Confeillers en fon Châtelet de Paris le onziéme jour de Novembre mil fix cens vingt-quatre.*

FOURNEL.   LECONTE

MESSIEURS

STATUTS

ET

ORDONNANCES

DES COURTEPOINTIERS, COUVERTURIERS,

Neutrez, & Coutiers,

Selon leur incorporation.

ESSIEURS,

Comme il m'a encore parû que l'obscurité & la confusion regnoient en-
tierement dans les Statuts des Maiſtres Courtepointiers de cette ville, en-
forte que l'on y trouve bien des repetitions inutiles, des ambiguitez &
des équivoques qu'on interprete diverſement, & qui ſont plus capables
de cauſer entre nous des contentions litigieuſes, que d'y cimenter l'union
& la concorde; je prens de rechef la liberté de vous dire un mot de ce que
j'en penſe & de la conduite que j'y tiens. Vous ſçaurez donc qu'elle eſt
égale à celle que j'ai déjà tenuë au ſujet des anciens Statuts des Maiſtres
Tapiſſiers de Hauteliſſe, Sarazinois, dit Rentraiture de Tapiſſerie. Mon
ſilence y eſt ſemblable, à la reſerve de quelque choſe qui me paroît un
peu plus ſingulier, & que j'aurai ſoin de vous faire remarquer en paſ-
ſant. Ce qui m'a engagé à prendre ce parti, c'eſt un zele pur & un at-
tachement ſans bornes que j'ai tôûjours eu pour notre Corps. Animé de ces

E*

dispositions , je me suis appliqué à rediger dans un meilleur ordre , après avoir eu la bonté, Messieurs, de me donner votre consentement pour tout ce qui le concerne & en procure l'avantage. C'est pourquoi je m'arrête seulement aux nouveaux Statuts , qui plus clairs , plus nets , plus fideles & bien plus autorisez de nos Rois , vous presentent dans un plus beau jour vos devoirs, vos privileges , vos droits & vos divers émolumens. C'est , pour ainsi dire, vous tirer d'une terre aride, seche & qui vous est comme étrangere , pour vous promener dans une autre plus riante, plus agréable , & où vous vous reconnoissez. Car en effet ces Statuts qui ont été accordez & homologuez au Châtelet de cette ville en l'an 1456, se trouvant comme effacez par les nouveaux , beaucoup plus revêtus d'autoritez de la part de nos Rois , deviennent entierement inutiles & infructueux ; d'ailleurs leur stile dur & confus , proportionné au temps d'alors , étant hérissé de quantité de mots qui nous sont peu connus, les rend si peu intelligibles & les défigure de telle maniere, que comme j'ai déja dit, ce seroit entre nous une source perpetuelle de débats & de discussions, si l'on s'y arrêtoit. Ce que j'y trouve seulement de plus digne de notre attention, est que les Maîtres Courtepointiers avoient le droit dés ce tems-là de vendre & acheter des bois de menuiserie & d'ébeine, cependant à cette condition, qu'ils devoient tenir lesdits bois travaillez de la main des Maîtres Menuisiers de Paris ; comme aussi le droit d'acheter des serges aux foires pour les employer seulement. Ces droits par la suite sont devenus bien plus étendus ; car à mesure que notre état s'est policé , nos Rois ont jugé à propos de les amplifier, & sur-tout depuis l'incorporation, les Maîtres Couverturiers , Neutrez & faiseurs de serges , qui étant dés ce temps-là en possession du droit de marquer & de fabriquer les serges & les couvertures, l'ont transmis comme un precieux gage de leur amitié aux Courtepointiers, qu'ils adopterent alors pour Confraires & duquel droit ils se trouvoient privez au temps de leur séparation. Ce qui augmenta encore ce droit, ce fût lorsque se fit l'incorporation des Coutiers, qui apporterent celui de fabriquer du couty, d'en vendre & d'en débiter. Cette heureuse reünion annéanti pour jamais bien des prétentions que faisoient paroître en foule quantité de Corps, qui nous suscitoient continuellement de fâcheuses affaires s'opiniâtrant à empecher les Marchands Tapissiers d'acheter aux foires franches, comme celle de Saint Denys & autres, &c. Voilà, Messieurs, la fin que je me suis proposée dans ce travail, qui est d'éclaircir, de débroüiller & de déveloper ce qui regarde les differentes incorporations de ces trois Corps, qui avec celle des Hautelissiers font la basse & le fondement de nos Statuts d'aujourd'hui. Presentement vous pourrez trouver des articles éclaircis & augmentez de quelques autres que l'on avoit omis , & que j'ai heureusement retrouvez dans des anciens Reglemens. Pour ceux-cy, je me contenterai de vous en faire voir l'ancienneté, qui en autorise les droits & les titres, les accompagnant de petites notes aux differentes marges, qui marqueront les droits accoutumez qui se sont perçûs de tous tems, & confirmez par grand nombre d'Arrêts & de Reglemens qui se trouveront répandus dans le corps de ce recueil.

LES Jurez Tapissiers, Courtepointiers & Coutiers de votre Ville de Paris, remontrent tres humblement, comme par vos Edits & Ordonnances, il ait été tres-expressément prohibé & défendu à tous Marchands Forains d'apporter & faire arriver en ladite Ville de Paris marchandise de Coutils, Mantes, Catalognes & autres marchandises appartenantes à leur état, pour être par eux débitées & venduës, qu'elles ne fussent par les Gardes de leurdit état vûës & visitées pour connoître & sçavoir si la bonté, longueur & largeur y est gardée & observée : toutefois à quelques amendes que lesdits Marchands Forains ayent été condamnez par Sentence du Prevôt de Paris ou autrement, pour avoir contrevenu à vosdits Edits & Ordonnances, ne délaissent de les exposer en vente ayant intelligence avec d'autres Marchands de ladite Ville de Paris autres que lesdits Exposans, qui ne se soucient des longueurs, largeurs & bonté d'icelles, tellement qu'elles empirent & diminuënt par chacun jour, au grand interest & foule du Peuple, pour n'être lesdits coutils que de huit aunes & demie de longueur, & une aune & demi-quart de largeur, qui doivent être de dix aunes & demie de longueur, de sept quartiers en largeur pour servir à largeur du lit ; & les Mantes de Montpellier & Avignon qui doivent avoir deux aunes & demi de longueur, & deux aunes de largeur, n'ont que deux aunes de longueur, & une aune & demi de largeur, outre qu'elles sont mal façonnées : même les Tapisseries faites à Beauvais servant à faire tenture de chambre qui doivent contenir une aune de lay, lesquelles n'ont plus que trois quartiers, & sont de poil qui déteint incontinent, qui devroient estre de bourlanisse & de laveton. Pour à quoy obvier, pourvoir aux faussetez & abus qui pourroient continuer, supplient tres humblement VOTRÉ MAJESTE' vouloir autoriser & approuver le contenu aux Articles ci-aprés attachez : ainsi signée DE TOURTE, CLEMENT, VINCENT, P. ROUSSEAU, ASSELIN, JEAN VENLLAIN, RENOUET, PIERRE MASSON, GARET, ETIENNE LE ROTS, ROBERT, ROUILLARD, BELLASSIS, ET APULET.

Et plus bas est écrit ce qui ensuit.

La presente Requeste, ensemble les Articles renvoyez au Prevôt de Paris, pour appeller le Procureur du Roy & ceux qu'il verra bon estre, donner avis sur le contenu ainsi qu'ils verront bon estre, pour icelui vû pourvoir aux Supplians ainsi que de raison. Fait au Conseil privé du Roy tenu à Paris le vingt-huitiéme jour de Février mil cinq cens septante trois. Ainsi signé, DOLVS.

Ensuit les Articles des longueurs & largeurs que doivent avoir & contenir les coutils en Pays de Bretagne, Normandie, & autres lieux suivant l'antiquité, & comme jusqu'à present portent les noms ci-aprés declarez.

I.

QUE les Jurez & Gardes du métier des Tapissiers, Courtepointiers & Coutiers de la Ville de Paris, seront tenus de voir & vifiter les coutils de Bruxelles , Tournon & Flandre qui arrivent à Paris , foit aux Marchands Forains ou aux Marchands de la Ville ou autres qui les achetent pour les vendre en leur boutique , devant qu'ils puiffent être expofez en vente, & par iceux marquez, pout obvier aux contrefaîts que l'on fait pour le prefent, entendu qu'ils font de grand prix. Voyez le tarif aux Statuts , page....

I I.

Sera défendu à tous Marchands Forains qui ameneront coutils en cette Ville, & Faubourgs de Paris, de ne les expofer en vente, que premierement ils n'ayent été vûs, vifitez & marquez par les Jurez de la marque du métier à chacun coutil , fur peine de confifcation defdits coutils & de vingt livres parifis d'amende.

I I I.

Sera auffi défendu à tous Maîtres Tapiffiers , Courtepointiers & Coutiers de cette Ville de Paris de n'acheter coutils de quelque forte que ce foit, que premierement ils n'ayent été vûs , vifitez & marquez par les Jurez de la marque du métier à chacun coutil, fur peine de confifcation des coutils , & de cinquante livres parifis d'amende; & au cas qu'il fe trouve des coutils és boutiques des Maîtres Tapiffiers, Courtepointiers & Coutiers qu'ils n'ayent été vûs, vifitez & marquez par les Jurez de la marque du métie , feront lefdits coutils confifquez, & les Maîtres condamnez en vingt livres parifis d'amende. Voyez aux Statuts de 1636.

I V.

Sera défendu à toutes perfonnes de quelque état , qualité & condition qu'ils foient , de n'expofer en vente mantes & couvertures de Catalogne , de Montpellier , Avignon & autres lieux , que premierement ils n'ayent été vûs , vifitéz, & marquez de la marque du métier par les Jurez, chacune defdites mantes & couvertures , fur peine de confifcation defd. marchandifes & de vingt livres parifis d'amende,

V.

Sera défendu à tous Marchands Forains amenant ferges & rouleaux à faire couvertures , tentures de chambre, ciels, rideaux, pavillons, tapifferies & couvertures de Beauvais, de ne les expofer dorénavant en vente, qu'elles n'ayent été vûës , vifitées & marquées par les Jurez fufdits de la marque du métier , fur peine de vingt livres parifis d'amende, de confifcation defdites marchandifes.

VI.

Sera défendu à tous Marchands qui ameneront plumes & duvets en cette Ville de Paris, de tout Pays que ce foit de ne les expofer en vente qu'ils n'ayent été vûs & vifitez par les Jurez pour obvier aux abus; fautes qui fe commettent, parce que l'on n'y peut mêler de la vieille plume avec de la neuve, n'ayant égard au danger qui en peut avenir , attendu que c'eft pour coucher & repofer le corps humain, fur peine de confifcation de la marchandife , & de vingt livres parifis d'amende.

V I I.

Marque des Coutils.

Marque des Couvertures.

Marque des Serges & Tapifferies.

Vifite de plumes & duvets , crins & bourlaniffes.

VII.

Sera défendu aux Hôteliers & Hôtelieres de la ville , Faubourgs de Paris de ne cacher , ni faire cacher aucune desdites marchandises, ci-deſſus nommées , ni empêcher les Jurez & Gardes deſſus dits, faire leurs viſitations, ſur peine de vingt livres pariſis d'amende.

VIII.

Sera défendu à tous Maiſtres Tapiſſiers, Courtepointiers & Coutiers de ne mettre , ni faire mettre dedans coutils & traverſins neufs aucune plume mêlée ni vieille plume de chapons, poules , poulets , alloüettes, ni d'autre gibier, ſur peine de confiſcation deſdits lits, & de cinquante livres pariſis d'amende, comme choſe préjudiciable au corps humain.

I X.

Les mantes, couvertures & coutils qui arriveront en la Ville , Faubourgs de Paris , enſemble les balles de plume blanche & noire, & autres marchandiſes concernant ledit état, pour le droit de viſitation ſera payé pour chacune piece couverture un ſol pariſis, ballot quatre ſols pariſis , & piece de coutils , un ſol pariſis.

X.

Sera défendu à tous Maiſtres Tapiſſiers, Courtepointiers & Coutiers de cette Ville de Paris de ne faire , ni faire faire matelas de toile écruë, ſur peine de confiſcation deſdits matelas de toile, & de cent ſols pariſis d'amende.

X I.

Sera défendu à toutes perſonnes de quelque état, qualité & condition qu'ils ſoient, de ne faire, ni faire faire garniture de coches, chariots & litieres concernant l'état de Tapiſſier, Courtepointier & Coutier , ſur peine de confiſcation de la beſogne, & de vingt livres pariſis d'amende.

X I I.

Sera défendu à toute perſonne de ne vendre coutils & autres marchandiſes concernant l'état de Tapiſſier, Courtepointier & Coutier, s'il n'a été apprenti dudit métier ſix ans durant ſuivant l'Ordonnanee.

VU par nous Pierre Seguier Conſeiller du Roy notre Sire, & Lieutenant Civil de la Prevôté & Vicomté de Paris , & Charles de Villemontée auſſi Conſeiller & Procureur dud. Seigneur en ladite Prevôté, la Requête preſentée à Sa Majeſté & à Noſſeigneurs de ſon Conſeil privé par les Jurez Tapiſſiers , Courtepointiers & Coutiers de cette Ville de Paris le vingt-huitiéme jour de Février mil cinq cens ſoixante-treize dernier paſſé, tendante par icelle qu'il plaiſe à Sa Majeſté ſtatuer , confirmer & homologuer les Articles attachez à ladite Requeſte , concernant le reglement des longueurs & largeurs des marchandiſes de coutils , pour être leſdits Articles gardez & obſervez par leſdits Tapiſſiers & Coutiers de cette

Ville de Paris, & autres MarchandsForains, amenant marchandises de coutils en cette Ville de Paris , & iceux Articles ajouter aux
anciennes Ordonnances de leur métier, ladite Requête à Nous renvoyée avec lesdits Articles pour sur iceux bailler notre avis. Vû aussi
ladite Requête, ensemble l'information faite sur la commodité :
Notre Avis est sous le bon plaisir de Sa Majesté, qu'il peut
statuer par Ordonnance, confirmer & homologuer lesdits Articles ci-dessus transcrits & par Nous vûs, & qu'à ladite confirmation
& homologation la chose publique n'aura aucun dommage, au contraire ce sera le tres-grand profit & utilité du Public, & seront par ce
moyen corrigez & retranchez plusieurs grandes fraudes , & abus &
larcins qui se commettent en la vente de ladite marchandise de coutils & autre marchandise dudit métier. Ainsi signé SEGUIER & DE
VILLEMONTE'E. Et à l'autre côté dudit feuillet étoit écrit ce qui
s'ensuit :

*Sur ce oüi le Procureur General du Roy pour en joüir par les Impetrans du contenu,
comme ils en ont ci-devant bien & duement dû joüir & user , joüissent & usent encore
à present. A Paris en Parlement le vingt septiéme Aoust mil cinq cens quatre vingt qua-
torze. Ainsi signé, DU TILLET.*

Information faite par nous Pierre Seguier Conseiller du Roy no-
tre Sire , & Lieutenant Civil de la Prevôté de Paris à la requête du
Procureur du Roy notre Sire au Châtelet de Paris, pour & au nom
dudit Seigneur, par vertu de la Requête presentée au Roy notredit
Seigneur , & à Nous renvoyée par ledit Seigneur , & son Conseil
Privé, desquelles la teneur s'ensuit :

AU ROY

LES Jurez Tapissiers, Courtepointiers & Coutiers de votre
Villede Paris, remontrent tres-humblement, comme par vos Ordonnances & Edits , il ait été trés-expressément prohibé & défendu à
tous Marchands Forains d'apporter & faire arriver en ladite Ville de
Paris, marchandise de coutils, mantes, Catalognes & autres marchandises appartenant à leur état, pour être par eux debitées & venduës,
qu'ils ne fussent par les Gardes de leurdit état, vûës & visitées pour
connoître & sçavoir si la bonté , longueur & largeur y est gardée &
observée, toutefois à quelques amendes que lesdits Marchands forains
ayent été condamnez par Sentence du Prevôt de Paris ou autrement,
pour avoir contrevenu à vosdits Edits & Ordonnances, ne délaissent
de les exposer en vente ayant intelligence avec d'autres Marchands
de ladite Ville de Paris (autres que lesdits Exposans) qui ne se soucient

des longueurs, largeurs & bonté d'icelles, tellement qu'elles empirent & diminuënt par chacun jour au grand interest & foule du Peuple pour n'estre lesdits coutils que de huit aunes & demie de longueur,
& une aune demi-quart de largeur, qui doivent estre de dix aunes &
demi en longueur, & sept quartiers en largeur, pour servir à la largeur du lit, & les mantes de Montpellier & Avignon, qui doivent
avoir deux aunes & demi de longueur, & une aune & demi de largeur, n'ont que deux aunes de longueur, & une aune & demi de largeur, outre qu'elles sont mal façonnées, même les tapisseries faites
à Beauvais servans à faire tentures de chambre, qui doivent contenir une aune de lay, lesquelles n'ont plus que trois quartiers, & sont
de poil qui déteint incontinent, qui doivent être de bourlanisse & de
laveton : pour à quoy obvier & pourvoir aux fautes & abus qui pourroient continuer, supplient tres-humblement Vôtre Majesté vouloir
autoriser & approuver le contenu aux Articles ci-attachez. *Et au bas
est écrit ce qui s'ensuit* : La presente Requête, ensemble les Articles
ci-attachez sont renvoyez au Prevôt de Paris ou son Lieutenant pour
appeller le Procureur du Roy, & ceux qu'il verra bon être donner
avis sur le contenu, ainsi qu'ils verront bon être, pour icelui vû pourvoir aux Supplians, ainsi que de raison. Fait au Conseil Privé du
Roy tenu à Paris le vingt-huitiéme jour de Février mil cinq cens soi-
xante-treize, signé, DOLET.

En laquelle information ont été par Nous ouïs les témoins ci-aprés
produits par le Procureur du Roy en la presence de M⁰ Nicolas le
Fevre, Clerc au Greffe Civil du Châtelet de Paris, appellé avec
Nous pour notre Ajoint en cette partie, aprés serment par lui fait
en tel cas requis & accoutumé le Samedi dix-huitiéme jour d'Avril,
l'an mil cinq cens soixante treize, par la maniere, & ainsi qu'il s'ensuit :
Claude LE PRESTRE, Marchand Bourgeois de Paris, témoin nommé & produit par ledit Procureur du Roy, aprés serment par lui fait de
dire verité en tel cas requis & accoutumé, lecture à lui faite desdits
Articles & Reglemens, a dit qu'il est d'avis du contenu ésdits Articles, & en ce faisant que lesdits coutils, mantes & autres marchandises y mentionnées doivent & est de besoin & necessité qu'ils convien-
nent les longueurs & largeurs y contenuës, d'autant que de tout tems
& ancienneté, ils ont été débités avec telles longueurs & largeurs ;
& qu'autrement, & en une seule piece, l'on ne pourroit trouver le
lit, le chevet, qu'anciennement on y trouvoit, qui est une grande
tare pour le Public ; & est d'avis que visitation en soit faite. Et est ce
qu'il a dit & déposé diligemment par Nous ouï & examiné.

Guillaume PARFAIT, Marchand Drapier, Bourgeois de Paris, lequel
aprés serment par lui fait, de dire verité en tel cas requis & accoutumé

lecture à lui faite de la Requête , & Articles & Ordonnances , a dit
qu'il est d'avis du contenu en iceux , & en ce faisant que les coutils ,
mantes & autres marchandises y mentionnées doivent & est de besoin & necessité qu'ils contiennent les longueurs & largeurs y contenuës , d'autant que de tout tems & ancienneté ils ont été debitez avec
telles longueurs & largeurs , & qu'autrement , & en une seule piece
l'on ne pourroit trouver le lit & le chevet , ce qu'anciennement on
trouvoit , qui est une grande tare pour le public & est d'avis que visitation en soit faite. Et est ce qu'il a dit & déposé diligemment par
nous ouï & examiné.

Jacques VIVIEN , Marchand Bourgeois de Paris , témoin nommé
& produit par ledit Procureur du Roy , lequel aprés serment par lui
fait en tel cas requis & accoutumé , lecture à lui faite desdits Articles
& Requête , a dit que comme Garde de la marchandise de mercerie,
il requiert lesdits Articles être enterinez , parce qu'il est tres utile &
necessaire ; & neanmoins pour le regard des visitations requises par
les Tapissiers sur lesdits coutils , mantes & autres marchandises contenuës & declarées ésdits Articles, s'oppose pour les Marchands Merciers de cette Ville de Paris, & empéche que lesdits Tapissiers visi-
tent lesdites marchandises , soutenant qu'ausdits Gardes & Marchands de mercerie de cette Ville de Paris appartient la visitation,
& non ausdits Tapissiers, comme il fera apparoir par les Ordonnances desdits Merciers , requerant à cette fin l'adjonction du Procureur
du Roy. Et est ce qu'il a dit & déposé diligemment par nous ouï &
examiné.

Jean de SAINCTION, Marchand Bourgeois de Paris, témoin nommé & produit par ledit Procureur du Roy , lequel aprés serment par
lui fait en tel cas requis & accoutumé , lecture faite de ladite Requête
& Articles , a dit qu'il est tres utile & necessaire que lesdits Articles
soient enterinez. Et est ce qu'il a dit & déposé diligemment par nous
ouï & examiné.

Robert DESPREZ , Marchand Bourgeois de Paris , témoin,
nommé & produit par ledit Procureur du Roy, lequel aprés serment
par lui fait en tel cas requis & accoutumé, lecture faite de ladite Requête & Articles , & en ce faisant que lesdits coutils, mantes & autres
marchandises y mentionnées, doivent & est de besoin & necessité qu'-
ils contiennent les longueurs & les largeurs y contenuës, d'autant
que de tout tems & d'ancienneté ils ont été debitez avec telles longueurs & largeurs , & qu'autrement , & en une seule piece l'on ne
pourroit trouver le lit & le chevet, ce qu'anciennement on trouvoit,
qui est une grande tare pour le public , & est d'avis que visitation en
soit faite. Et est ce qu'il a dit & déposé diligemment par nous ouï &
examiné.   Gervais

Gervais ESCOFFIER, Marchand & Bourgeois de Paris, nom-
né & produit par ledit Procureur du Roi, lequel, aprés serment par
lui fait de dire & dépoſer verité en tel cas requis & accoûtumé, lecture à lui faite deſdits articles & requéte, a dit qu'il eſt d'avis du
contenu eſdits articles : & en ce faiſant, que leſdits coutils, mantes &
autres marchandiſes y mentionnées, doivent & eſt de beſoin & neceſ-
ſité qu'ils contiennent les largeurs & longueurs y contenues, d'autant que de tout tems & d'ancienneté ils ont été debitez avec telles
longueurs & largeurs, & qu'autrement & en une ſeule piece, l'on
ne pourroit trouver le lit & le chevet, ce que anciennement on trouvoit, qui eſt une grande tare pour le public, & eſt d'avis que viſitation en ſoit faite. Et eſt ce qu'il a dit & dépoſé, diligemment par
nous oui & examiné. Ainſi ſigné, SEGUIER, LE FEVRE Ad-
joint, & DROUART.

AU ROY.

Sire,

Les Maîtres Tapiſſiers & Courtepointiers, faiſeurs de ciels, tentes de guerre & pavillons, Jurez en votre ville de Paris, vous ſup-
plient tres humblement, que pour obvier aux abus, fraudes & malverſations qui ſe commettent ordinairement en l'exercice dudit métier, il vous plaiſe ordonner que les articles ci-aprés inſerez ſeront
maintenus, gardez & obſervez inviolablement.

I.

Pour ce que pluſieurs manieres de gens non experts ne connoiſ-
ſant audit métier, ſe ſont ingerez & ingerent chacun pour garnir
chambre de tapiſſerie, de ſerge & toile, faire tentes, pavillons,
ciel, cuſtodes, garnitures de chaiſes, cabinets, placets, carreaux,
lits de drap ou autres couleurs, rentraire & repareiller tapis de ſerge
& autre ouvrage appartenant audit métier, dont pluſieurs pertes &
dommages ſe ſont enſuivis, & pourroient enſuivre au temps à venir
à iceux, qui ont fait & feront faire iceux ouvrages.

II.

Soit défendu à tous gens, de quel état, qualité ou condition
qu'ils ſoient, ſoit Fripiers, Revendeurs, Tailleurs d'habits ou autres, ne faire ni faire faire quelque ouvrage que ce ſoit concernant
ledit état, pour vendre ou faire vendre, porter ou contreporter,
uſurper ni entreprendre aucune choſe concernant & dépendant dudit état de Tapiſſier, Courtepointier, ſur peine de huit livres d'a-
mande & confiſcation de leurs marchandiſes dont ſera queſtion, ap-

pliquable moitié au Roi & moitié aux Jurez & Gardes dudit métier.

I I I.

Item. Que dorénavant nul ne pourra lever ledit métier, tenir, ouvrer & soi entremettre publiquement audit métier en ladite ville de
Paris, s'il n'est homme de bonne vie & conversation, & qu'aucune-
ment n'ait été atteint d'aucun larcin audit métier, crime, blâme, re-
proche ou aucun vilain cas digne de reprehension notoirement
prouvé.

IV.

Pareillement qu'il n'ait été six ans apprenti audit métier, fait son
chef-d'œuvre & témoigné ouvrier des Jurez dudit métier, reçû &
passé Maître par Monsieur le Prevôt de Paris ou son Procureur
General, lesdits Iurez presens, payé vingt sols parisis au Roi & à
chacun desdits Jurez, dix sols parisis pour leurs peines & vacations,
& au Clerc dudit métier pour les peines & vacations, dix sols parisis,
à peine d'amende, appliquable, comme dessus, & bailler caution à
Iustice de dix livres parisis.

V.

Item. Qu'aucun Maître dudit métier ne pourra avoir qu'un apprenti à six ans détenu, & sur peine de huit livres parisis d'amende
à appliquer comme ci-dessus ; mais s'il a aucun enfant legitime, il
leur pourra apprendre ledit métier & tenir avec lui ledit apprentif,
& outre pourra prendre un autre apprentif deux ans avant que ledit
apprentif ait fait lesdits six années, qui seront tenus iceux, tant enfant du Maître que apprentif, payer pour leur entrée chacun dix sols
parisis à la Confrairie dudit métier.

V I.

Lesdits enfans de Maîtres, aprés qu'ils auront été apprentifs audit métier l'espace de six ans seront passez Maîtres sans aucun chef-
d'œuvre ni payer aucune chose, sinon dix sols parisis à ladite Confrairie ; & les compagnons qui seront de chef d'œuvre payeront quatre livres parisis à la Confrairie, à appliquer comme dessus, & bailler
caution de quinze livres parisis à Iustice.

V I I.

Item. Qu'aucun Maître dudit métier ne subornera & ne soustraira
apprentif, & ne loüera serviteurs d'aucuns Maîtres devant le temps
de son apprentissage ou devant le temps qu'il l'aura loué, sur peine
de quarante-huit livres d'amende, à appliquer comme dessus, tant
pour lesdits Maîtres que pour lesdits serviteurs ; & si aucun desdits
Maîtres alloit de vie à trépas, sa femme durant sa viduité pourra garnir, ouvrer ou exercer son métier. Davantage, que nul ne pourra garnir chambre de tapisserie de toile, telle qu'elle soit, & qu'elle n'ait
été lessivée, & que les rubans portent la toile & les custodes, sur les
peines ci-dessus.

VIII.

Item. Que nul dudit métier ne pourra faire cuſtodes & autres ouvrages dudit métier, matelats, courtepointès & paillaſſes, s'il n'eſt
comme il appartient, & le pourra-t-on faire de telle grandeur &
largeur que l'on voudra, & ſi c'eſt drap de ſoye, faut qu'il ſoit cou-
ſu de bonne ſoye de ladite couleur, & comme il appartient à ouvrage marchand, ſur les peines ci-deſſus.

IX.

Que nul ne pourra rentraire ſerges, tapis ni couvertures, qu'elles
ne ſoient ourdies, ourditure contre ourditure, laine contre
laine, & que nul ne pourra mettre fil ſur laine en l'ourditure, ſur
peine de huit livres pariſis d'amende, à appliquer comme deſſus.

X.

Nul ne pourra rentraire tapis de velours qu'ils ne ſoient noüez
& ſoudez comme il appartient, & ouvrez de couleurs ſortiſſables
& tel qu'il appartient, ſur les peines ci deſſus.

XI.

Semblablement que nul ne pourra faire en ladite ville & banlieüe
de Paris, courtepointes blanches de linge empeſé ni moüillé en
croix ; & icelui qui fera le contraire, ſera l'œuvre brûlé & conſommé comme faux, & ſi ſera tenu payer huit livres pariſis d'amende,
à appliquer comme deſſus.

XII.

Item. Que nul ne pourra faire courtepointes qu'elles ne ſoient
remplies de bourrelaniſſe ou rebours, & ſans mettre aucun laveton ni
tontiſſe, qu'elle ne ſoit bien arſonnée & nette, & ſi c'eſt drap de ſoye,
ſera piquée de ſoye, comme il appartient, ſur peine de huit livres
pariſis d'amende, à appliquer comme deſſus.

XIII.

Que nul ne pourra faire loudiers emplis d'étoupe & bourretontiſſe de plet ni de gratinne pour vendre, ne autres ouvrages, & ſera
l'œuvre de celui qui fera le contraire brûlé & conſommé, & ſi ſera
tenu payer huit livres pariſis d'amende, à appliquer comme ci-deſſus.

XIX.

Que nul ne pourra mettre en œuvre bourre avec cotton en quelque ouvrage que ce ſoit, ſur les mêmes peines que deſſus.

XV.

Tous Marchands Forains, de quelque état qu'ils ſoient, qui ameneront en cette ville de Paris, courtepointes, loudiers, matelas,
chambres, pieces de tapiſſerie, pavillons, bourres, & autres ouvrages, ne les pourront expoſer en vente, qu'elles ne ſoient premierement vûës & viſitées par leſdits Jurez, à ſçavoir ſi elles ſont bonnes, loyales & marchandes, afin que perſonne ne ſoit déçû & abu-
ſé en icelles, marquées de la marque dudit métier, ſur les mêmes peines que deſſus.

XVI.

Sera deffendu à tous Marchands Forains & autres, de ne porter n econtreporter aucune tapisserie, courtepointes, matelas, loudiers res, pavillons, ciels, ne custodes, ne autres choses concernant ledit métier par la ville & fauxbourg d'icelle; mais bien les pourront vendre en leur logis après la visitation par lesdits Jurez faites, & marquez comme dessus; & si sera tenu payer pour chacun sceau douze deniers, & ce sur peine de huit livres parisis d'amende, à appliquer comme dessus.

Droits de marque 12 denier.

XVII.

Et ordonne qu'audit métier y aura quatre Jurez, dont deux d'iceux changeront par chacun an, & en seront mis deux autres en leur lieu qui seront pour ce faire élûs par la Communauté desdits Maîtres & Jurez, ausquels ils feront faire le serment solemnel requis & accoûtumé de bien fidellement observer, garder & entretenir lesdits Ordonnances, & lesquels seront tenus de se transporter és maisons & hôtels desdits ouvriers, pour voir & visiter leurdite besogne & marchandise, lesquels seront tenus appeller avec eux un Sergent royal pour prendre & mettre en la main du Roi toutes les œuvres qui seront trouvées fausses, méprantures & malversations qui en trouveront avoir été faites audit métier : bien justement & loyalement en leur conscience ils en feront leur rapport à Justice, pour icelui vû, être ordonné ainsi qu'il appartiendra & par raison.

XVIII.

Sera aussi ordonné que dorénavant lesdits Maîtres Tapissiers & Courtepointiers pourront étaler en leurs boutiques & vendre bois de lit de camp, ou autres bois garnis prêts à coucher, tant pour les Ambassadeurs, Gentils-hommes & autres qui viendront en cette ville de Paris pour leurs affaires; & que autres que lesdits Tapissiers, Courtepointiers ne pourront vendre, ni faire exposer en vente loudiers, matelas, lesd. bois garnis, & prêts, ni ciels, rideaux, pavillons ni tentes de guerre, ni autres choses convenant audit état ci-dessus declarées, sur peine de confiscation desdits bois de lit & garnitures, & huit livres parisis d'amende, à appliquer comme dessus.

XIX.

Que lesdits Maîtres pour le bien & entretenement de leur Confrairie, pourront faire Statuts & Ordonnances sur le fait de Police d'icelle toutes fois & quantes ils verront être à faire, lesquels ils garderont & observeront par entre eux, à la peine d'être ceux qui feront au contraire, privez & déboutez de leurs privileges. A ce present le Prevôt de Paris & Gens du Roy en ladite ville enregistrez, oüi sur ce le Procureur General du Roy. A Paris en Parlement ce treiziéme jour de Mars l'an mil cinq cent soixante-huit. Ainsi signé, DU TILLET.

Collation est faite à l'Original, signé DU TLLET

INCORPORATION

DES COUVERTURIERS, NEUTREZ FAISEURS DE SERGE, AVEC LES COURTEPOINTIERS.

EXTRAIT DU REGISTRE EN PARCHEMIN, relié entre deux ais, appellé le Livre Bleu, etant en la Chambre de Monsieur le Procureur du Roy.

A TOUS CEUX QUI CES PRESENTES LETTRES verront, SALUT: Jacques d'Eftouteville, Chevalier Seigneur de Beyne & de Blainville, Baron d'Ivri & de Saint Andry en la Marche, Confeiller, Chambellan du Roy nôtre Sire, & Garde de la Prevôté de Paris, fçavoir faifons que vû certaine Requête en papier à Nous faite & prefentée de la partie des Jurez Ouvriers Tapiffiers, Neutrez, & des Jurez Ouvriers des Tapifferies, Tantes & Pavillons, Marchands de Tapifferies de cette ville de Paris, de laquelle la teneur s'enfuit : A Monfieur le Prevôt de Paris ou fon Lieutenant ; Supplient humblement les Iurez Ouvriers de Tapifferies, Neutrez, & les Jurez Ouvriers de tapifferies, tentes & pavillons, Marchands de tapifferies de cette ville de Paris. Comme pardevant ce feroient vûs & commencez plufieurs procés entre lefdits Supplians, touchant lefdits métiers & la vifitation & chef-d'œuvre, & auffi touchant la vifitation & déliage de toutes marchandifes de tapifferies, ferges & couvertures, qui font amenées de dehors en cette ville de Paris ; & pour obvier à procés & débats entre lefdites parties, & que chacun defdits métiers & les ouvriers d'iceux puiffent dorénavant vivre en paix, fans procez, débats ne queftions & pour le bien de la chofe publique ils fe font accordez enfemble, s'il vous plaît, en la forme & maniere qu'il s'enfuit :

C'eft à fçavoir que dorénavant les chef-d'œuvres & ouvrages qui fe feront par lefdits ouvriers Tapiffiers Neutrez feront vûs, & vifitez & rapportez feulement par lefdits Tapiffiers Neutrez, fans y appeller lefdits Jurez Marchands Tapiffiers & Ouvriers à tentes, ciels & pavillons, fi bon ne femble aufdits Jurez Tapiffiers Neutrez d'y appeller lefdits Jurez Marchands Tapiffiers & Ouvriers de ciels & tentes ou aucuns d'iceux.

Item. Et pareillement que dorénavant lefdits chef-d'œuvres & ouvrages qui fe feront par lefdits Jurez & ouvriers, Marchands de tapifferies, feront vûs, vifitez & rapportez feulement par lefdits Jurez & Ouvriers & Marchands Tapiffiers, fans y appeller lefdits Jurez Tapiffiers Neutrez, fi bon ne leur femble de les y appeller ne aucuns d'eux.

Item. Et en tant que tous lesdits ouvrages & marchandises qui viennent & sont amenées de dehors de cette ville de Paris en cette dite ville, ils ne pourront être déliez, vûs, ni visitez, qu'il n'y ait deux desdits Jurez Neutrez & deux d'iceux Jurez Ouvriers de ciels, tentes & pavillons & Marchands, au moins l'un de chacun desdits métiers, lesquels Iurez d'iceux deux métiers quand ils les auront vûs & visitez, & s'ils les trouvent bons, loyaux & marchands, ils les marqueront d'un scel de plomb, marqué aux Armes de la Ville de Paris, d'un côté; & de l'autre y auroit écrit, PARIS.

Item. Et ne pourront les Marchands forains à qui appartiendront lesdits ouvrages de tapisseries, serges & couvertures, exposer en vente leursdites marchandises, jusqu'à ce qu'elles ayent été visitées desdits Iurez & marquées dudit scel, pourvû que lesdits Iurez ne soient negligens de visiter, & seront tenus visiter lesdites marchandises dedans un jour naturel aprés qu'elles seront arrivées, sur peine d'amende arbitraire, aprés laquelle marque dudit scel ainsi mise & apposée ésdits ouvrages de tapisseries, serges & couvertures, iceux ouvrages de tapisseries, serges & couvertures, ne seront plus en visitation.

Item. Si aucun Marchand forain est trouvé vendant en cette ville & fauxbourgs de Paris aucuns ouvrages de tapisseries, serges & couvertures sans être marquez dudit scel, ils l'amenderont pour chacune piéce de cinq sols parisis, dont la moitié appartiendra au Roy notre Sire, & l'autre aux Iurez d'iceux métiers.

Item. Et en tant que touche ledit scel, il sera enfermé en un coffre ou boëte sous trois clefs, qu'auront trois Iurez desdits métiers; & au regard de ladite boëte, elle sera gardée une année par les Iurez Tapissiers Neutrez, & l'autre année par les Iurez Marchands Ouvriers de tentes, ciels, pavillons; & celui qui gardera ladite boëte n'en aura aucune clef.

Item. S'il est trouvé qu'aucuns Iurez d'iceux métiers aillent particulierement voir & visiter lesdits ouvrages de tapisseries, serges & couvertures qui seront amenées de dehors, ne iceux faire délier sans être eux, ou être ensemble, ou deux d'iceux desdits métiers de chacun l'un, ou achetent aucuns ouvrages sans être marquez dudit scel : ceux qui seront trouvez faisant le contraire, soit Iurez ou Bacheliers desdits métiers, ils l'amanderont chacun pour chacune fois de cinq sols parisis d'amende à appliquer comme dessus. Ces choses considerées, il vous plaise les points & articles dessus declarez, ordonner être ajoûtez és Ordonnances de chacun desdits métiers, pour être gardez au temps à venir pour le bien de la chose publique, & vous ferez bien. CONSIDERE' laquelle Requête, & aprés ce que Iean de Passavant, Iacques l'Espicier, Iacques Rousseau, Iurez Tapissiers & faiseurs de tentes & pavillons; Philippes l'Espicier, Iacques Morlet, Estienne Tatrire, Colin Moyiver, Maîtres dudit métier; Colin le Noir, Gautier de Teyne, Martin l'Aigues, Iean

du Roug , Iean le Thuillier & Iean Bouret , Maîtres Tapiſſiers Neutrez pour ce preſent devant Nous, faiſant & repreſentant la plus grande & ſaine partie des gens de ladite marchandiſe & métier, vûs , requis les Ordonnances & points contenus éſdits articles ci-deſſus incorporez être ajoûtez és anciennes Ordonnances d'iceux métiers, &
qu'ils ont promis & juré leſdites Ordonnances & Articles entretenir de point en point ſelon leur forme & teneur, ſur les peines &
amendes contenuës en icelles , & oüi ſur ce les Avocat & Procureur
du Roy notredit Seigneur au Châtelet de Paris , pour & au nom dudit ſigner nous iceux Articles & Ordonnances ci deſſus tranſcrits &
incorporez en la préſence deſdits Avocat & Procureur du Roy ,
avons loüez , gréez , ratifiez , confirmez , approuvez , & par ces preſentes loüons, gréons, ratifions, confirmons & approuvons , deſſus
iceux avons interpoſé & interpoſons notre decret & autorité judi-
ciaire pour être obſervez , gardez & entretenus de point en point ſelon leur forme & teneur, & avons ordonné & ordonnons que leſdits
Articles & Ordonnances ſeront ajoûtez aux anciennes Ordonnances
d'icelui métier, dont & deſquelles choſes les deſſuſdits nous ont requis avoir lettres, ſi leur avons octroyé ces preſentes, éſquelles en témoin de ce nous avons fait mettre le ſcel de ladite Prevôté de Paris.
   Ce fut fait l'an mil quatre cent quatre-vingt dix , le vendredy cin-
quiéme jour de Mars, Signé I. LIENARD & G. de VINPMART.

AVIS

QUE DONNE AU ROY SON SOUVERAIN SEIGNEUR
& Noſleigneurs de ſon Conſeil privé , Gabriel Miron , Conſeiller dudit Seigneur & Lieutenant Civil de la Prevôté & Vicomté
de Paris ſur les Articles preſentez audit ſieur par les Maîtres Tapiſſiers & Courtepointiers, faiſeurs de ciels , tentes , pavillons , à
Nous renvoyez par lettres patentes du douziéme Octobre mil cinq
cens ſoixante-ſix, pour ſur iceux informer d'office & prendre avis.

I.

S Embleta que dorénavant ſuivant l'avis & conſentement des Maîtres Tapiſſiers , Courtepointiers & Coutiers , enſemble des Tapiſſiers Neutrez, les trois métiers fuſſent confondus enſemble, &
n'être qu'un ſeul métier Juré , & regi par mêmes Statuts & Ordonnances , & en décernet par le Roy les lettres patentes.

II.

Eſt inhibé & deffendu à toutes perſonnes non-Maîtres dudit métier , mêmement aux Fripiers, Revendeurs, Tailleurs d'habits ou

autres de faire ou faire faire de neuf quelques ouvrages concernant
ledit état pour le revendre ou contreporter, usurper, ni entreprendre
sur ledit état, à peine de soixante sols parisis, moitié au Roi, moitié aux Iurez dudit métier.

III.

Bon, pourvû que les bois des lits de camp, tables & autres ouvrages de menuiserie, soient bons & loyaux, faits par Maîtres dudit
métier.

IV.

Que le dix-neuviéme article n'est raisonnable & doit être rayé,
sauf aux Iurez à venir par Requête au Roy, comme ils font à présent,
ou se pourvoir pardevant le Prevôt de Paris ou son Lieutenant, pour
les Ordonnances politiques & autres choses concernant les abus que
l'on pourra commettre audit métier. Ainsi signé, MIRON.

*Et enregistré, oüi sur ce le Procureur General du Roy. A Paris en Parlement le
treiz iéme jour de Mars l'an mil cinq cent soixante huit. Ainsi signé DU TILLET.
Collation faite à l'Original, signé DU TILLET.*

CHARLES PAR LA GRACE DE DIEU ROY
de France, à tous presens & à venir, Salut: Nous avons reçû l'humble supplication de nos chers & bien amez les Maîtres Tapissiers & Courtepointiers de notre Ville de Paris, comptant que
dés le douziéme jour d'Octobre mil cinq cens soixante-six, ils nous
auroient presenté Requête, tendant à ce que pour les causes y contenuës, notre bon plaisir fût, pour obvier aux fraudes & malversations qui se commettent ordinairement audit métier, ordonner que
cesdits articles étant inserez en ladite Requête seront par eux entretenus, gardez & observez, laquelle Requête nous avons déslors renvoyée à notre amé & féal le Prevôt de Paris ou son Lieutenant pour
sur le contenu d'icelle informer ou faire informer de la commodité
ou incommodité, pour l'information faite la nous renvoyer avec son
avis, à quoy il auroit suffisamment satisfait: Sçavoir faisons qu'a-
prés avoir fait voir en notre Privé Conseil ladite Requête, Articles,
Statuts & Ordonnances des susdites informations sur ce faites par ledit
Prevôt de Paris ou son Lieutenant, reformations & correction par lui
faites desdits Articles, tant suivant son avis, que celui des Marchands
& Bourgeois de notre bonne Ville de Paris, à cette fin convoquez ci
avec autres pieces attachées sous le Contrescel de notre Chancellerie,
il l'a mis és déliberation de notre Conseil; avons dit, voulu, statué &
ordonné, disons, voulons, statuons & nous plaît suivant ladite information, avis & consentement desdits Supplians que dorénavant les
trois métiers Tapissiers, Courtepointiers & Coutiers, ensemble des
Tapissiers Neutrez de notre Ville & Faubourgs de Paris, seront confondus ensemble, & ne sera qu'un seul métier juré & regi par mêmes
Statuts

Statuts & Ordonnances, sans qu'ils puissent ci-aprés estre déjoints, separez, démembrez pour quelque raison que ce soit, pour les Privileges, Statuts & Ordonnances articulez ainsi corrigez & reformez suivant ledit avis, être dorénavant par eux chacun d'eux & leurs successeurs entretenus & inviolablement gardez & observez de point en point selon leur propre forme & teneur, sans y contrevenir ni souffrir y être contrevenu en aucune maniere, lesquels de notre grace speciale, pleine puissance & autorité Royale avons loüez, confirmez, ratifiez & approuvez, loüons, confirmons, ratifions & approuvons par ces Presentes, par lesquelles donnons en mandement à nos amez & feaux, les Gens tenant notre Cour de Parlement de Paris, Prevôt dudit lieu ou son Lieutenant, & à tous nos autres Justiciers & Officiers qu'il appartiendra, que nos presentes confirmations, ratifications, approbations, ensemble lesdits Statuts & Ordonnances ci dessus, ils fassent lire, publier & enregistrer, & de l'effet & contenu d'iceux lesd. Supplians & leurs successeurs jouïr, & user, entretenir, garder & observer : Et contre les infracteurs desdits Statuts, voulons par eux être procedé par les voyes & rigueurs prescrites par iceux, nonobstant oppositions ou appellations quelconques, Edits, Ordonnances, restrictions, mandemens, défenses & lettres à ce contraires: Car tel est notre plaisir, & afin que ce soient choses fermes & stables à toujours, Nous avons fait mettre notre Scel à cesdites Presentes ; sauf en autres choses notre droit & l'autrui en tout. DONNE' à Paris au mois de Mars, l'an de grace mil cinq cens soixante-huit, & de notre Regne le huitiéme. Ainsi signé sur le repli, PAR LE ROY en son Conseil DELAUBESPINE, visa. Enregistrez, oui sur ce le Procureur General du Roy. A Paris en Parlement le treiziéme jour de Mars mil cinq cens soixante-huit. Ainsi signé DUTILLET.

Collation a été faite à l'original, signé DUTILLET. *Et plus bas est écrit Extrait des Registres des Ordonnances Royaux registrée, en Parlement. Ainsi signé*
DUTILLET.

L'an mil cinq cens quatre vingt quinze le jeudi avant midi neuviéme jour de Février, collation de la presente copie a été faite à son original écrit en parchemin sain & entier, ce fait rendu par les Notaires du Roy notre Sire en son Châtelet de Paris soussigné. Ainsi signé, MURET, ET CHAPELAIN.

Collationné à son original étant en papier, ce fait rendu par les Notaires Gardesnotes au Châtelet de Paris soussigné le troisiéme May mil six cens trente cinq.
DESNON.   VAULTEN.

SENTENCE DE POLICE,

Du 9 Aouſt 1712.

Qui ordonne l'Etabliſſement des Petits-Jurez.

A TOUS CEUX QUI CES PRESENTES LETTRES VERRONT, Charles Denis de Bullion, Chevalier Marquis de Gallardon, Prevôt de Paris, ſalut : Sçavoir faiſons, que ſur la Requête faite en jugement devant nous en la Chambre de Police au Châtelet de Paris, par Maître Pierre Letourneau, Procureur des Maîtres Tapiſſiers Modernes de cette Ville de Paris, Demandeur en execution de nos Sentences des onze Mars, vingt-cinq Avril & vingt-ſept Mai dernier, ſuivant la Requête verbale de Maître Mazure, Commiſſaire en cette Cour, du neuf Juin dernier & autres jours ſuivans, ſoit enteriné ; ce faiſant, que ſans s'arrêter à la pretenduë nomination faite par les Défendeurs ci-aprés nommez le dix Decembre dernier des ſix Petits-Jurez qui ſeroient choiſis du nombre des Modernes, dans l'aſſemblée qui ſera à cet effet convoquée au nombre de quarante Maîtres Modernes, à tel jour qu'il nous plairoit nommer à la diligence des Demandeurs, de la maniere qu'il ſe pratique pour l'Election des Jurez, en la preſence de Maître Mazure, & les autres Concluſions adjugées avec dépens, aſſiſtés de Maître Pillon leur Avocat, contre Maître Humblot, Procureur des Jurez en Charge & Anciens, & des Douze de ladite Communauté deſdits Maîtres Tapiſſiers, Défendeurs, aſſiſtez de Me Pothoüin leur Avocat : Parties oüies, lecture faite de leurs pieces, NOUS diſons qu'à la diligence des grands Jurez Tapiſſiers, il ſera inceſſamment procedé à l'élection de ſix Petits Jurez qui ſeront élûs du nombre des Modernes, par les Jurez en Charge, les Anciens & quarante Maîtres qui n'ont paſſé par les Chargés, laquelle Election ſera faite pardevant le Procureur du Roy en la maniere accoutumée, ſans que les Petits-Jurez puiſſent aller en viſite chez les Maîtres de la Communauté, ni ceux des autres Communautez ; mais ſeulement ſaiſir ſur les Colporteurs, Chambrelans & autres perſonnes ſans qualitez : ce qui ſera executé ſans préjudice de l'appel. En témoin de ce, Nous avons fait ſceller ces preſentes. Ce fut fait & donné par Meſſire Marc-René de Voyer, de Paulmy, Chevalier Marquis d'Argenſon, Conſeiller d'Etat ordinaire, Lieutenant General de Police, tenant le Siege le mardi neuf d'Aouſt mil ſept cens douze. Delivré pour ſeconde expedition, le douze Octobre mil ſept cens dix - ſept. *Collationné,* CUYRET.

ARREST DE LA COUR
DE PARLEMENT.

Du 27 May 1641.

A U PROFIT DE LA COMMUNAUTE' DES MAISTRES
Tapissiers, pour le Reglement des Douze Maistres élûs pour voir
les comptes, & d'un Ancien Iuré Bachelier, qui aura une clef du
coffre où sont les titres & papiers, concurremment avec les Gardes & Jurez, deffenses d'y recevoir aucun à la Maistrise que
conformément aux Statuts, Arrêts & Reglemens dudit Art &
Métier.

ENTRE les Maîtres de la Communauté des Tapissiers de la
ville & fauxbourgs de Paris, Demandeurs en Requête par
eux presentée à la Cour le deuxiéme Mars mil six cent quarante-un,
d'une part, & les Maîtres Gardes Jurez de ladite Communauté à
présent en Charge, Deffendeurs d'autre : Aprés que les Demandeurs
ont persisté en ladite Requête, tendante en ce que lesdits Jurez pour
avoir contrevenu ausdits Statuts & Ordonnances, Arrêts & Reglemens dudit Art & Métier de Tapissier, & avoir au préjudice d'iceux
admis Noël Prusset à la Maîtrise sans avoir fait chef-d'œuvre ; &
pour la contravention, qu'ils fussent démis de la Jurande, avec con-
damnation d'amende arbitraire ; privation de se servir dudit métier,
au desir des Arrêts de ladite Cour ; & les Maîtres par eux reçûs, cas-
sez, revoquez ; deffenses de tenir boutique, à peine de cent livres
d'amende & de prison. Et pour éviter le desordre de ladite Communauté, & afin que les Statuts, Arrêts & Reglemens soient entretenus,
gardez & observez, que ladite Communauté sera assemblée pardevant le Substitut du Procureur General du Roy au Châtelet, pour
faire élection & nomination de Douze Maîtres Tapissiers ; sçavoir
quatre Anciens, quatre Modernes & quatre Jeunes, & les Iurez ne
pourront déliberer aucunes choses des affaires concernant ladite
Communauté, sans prendre avis desdits Douze Maîtres, & que lesdits Iurez ayent été oüis avec les Avocat & Procureur au Parquet des
Gens du Roy, & par leurs avis sont demeurez d'accord de l'appointement qui ensuit. Appointé est, oüi sur ce le Procureur General du
Roy, que la Cour faisant droit sur le premier chef de ladite Requête
concernant la reception dudit Noël Prusset, a mis & met les parties
hors de Cour & de procés, & neanmoins sans tirer à consequence :
enjoint ausd ts Gardes Iurez & tous autres de garder & observer les
Statuts, Arrêts & Reglemens dudit Métier de Tapissier ; & ce fai-

tant deffenses de recevoir aucun à la Maiftrife au préjudice d'iceux, à peine d'amende arbitraire, privation de fe fervir dudit Métier & de tous dépens, dommages & intérêts en leurs noms : & fur le furplus de ladite Requête, ordonne qu'à la diligence defdits Jurez devant huitaine la Communauté des Maiftres Tapiffiers fera affemblée en la Chambre de ladite Communauté, pour faire élection de Douze Maiftres, fuivant les Statuts & Arrefts, fçavoir fix Anciens & fix Modernes qui demeureront pour deux ans, & aprés lefdits deux ans, en feront élûs d'autres continuellement, avec lefquels fe rendront les comptes, tant des Maiftres de la Confrerie, que de Iurande; & aura l'un defdits anciens Maiftres Bacheliers, une clef du coffre où font les papiers de ladite Communauté, concurremment avec les Iurez fuivant l'acte de déliberation du douze Septembre mil fix cent trente-neuf, figné des Anciens & defdits Iurez ci-devant élûs; & ne pourront lefdits Iurez refoudre les affaires de confequence fans prendre avis des Anciens pour affembler la Communauté & les Douze Elûs, fi bon leur femble, & s'il y échet. Et feront au furplus les Statuts, Arrefts & Reglemens des vingt-trois Decembre mil fix cent trente, feize Février, vingt cinq May, dix-huit Iuin mil fix cent quarante, & feize Février mil fix cent quarante-un & autres, avec deffenfes d'y contrevenir fur les peines prefcrites, & fans dépens. Fait en Parlement le vingt-fept May mil fix cent quarante-un.

GUYET.

ARREST DE LA COUR
DE PARLEMENT.

Du 20 Fevrier 1616.

QUI declare la faifie de 480 livres de plume neuve faite fur Dutrou, Maiftre Fripier, bonne & valable; fait deffenfes aux Fripiers d'entreprendre fur le métier des Maiftres Tapiffiers, & leur enjoint de fouffrir la vifitation des Gardes & Iurez Tapiffiers.

LOUIS par la grace de Dieu, Roÿ de France & de Navarre : Au premier des Huiffiers de notre Cour de Parlement, ou autre notre Sergent premier fur ce requis, SALUT. Comme le jour & datte des prefentes, comparans en notredite Cour les Maiftres Iurez Tapiffiers de cette ville de Paris, appellans de la Sentence de mainlevée de quatre cent quatre-vingt livres de plume faifies le quinze May mil fix cent douze, donnée par le Prevoft de Paris le trois Iuil-

let

let enfuivant, d'une part, ; & Jacques Dutrou, Maiftre Fripier, Intimé & Demandeur en Requefte du trente Avril 1614. à fin de reftitution de la valeur, dommages & interefts, pour le déperiffement ; & lefdits Tapiffiers, Deffendeurs d'autre, ou les Procureurs defdites parties ; & veu par notredite Cour le Jugement dont eft appel. Arreft du trois Aouft mil fix cent quinze, par lequel les parties appointées au Confeil, leurs plaidoyers & productions. Requête de l'Intimé du douze Février, employée pour contredits, ceux des appellans Salvations des parties, ladite Requête du trente Avril. Deffenfes, appointement en droit & joint. Productions nouvelles des appellans. Contredits & falvations d'icelles. Conclufions de notre Procureur General : Et tout confideré, NOTREDITE COUR a mis l'appellation & ce dont eft appellé au neant, émendant, fans avoir égard à la Requête du trente Avril, a declaré & declare les trois balles de plume neuve par l'Intimé acheptées de Marchands forains, confifquées, ordonne qu'elles feront venduës & les deniers employez à la nourriture des Pauvres enfermez : lui a réïteré & réïtere les deffenfes d'entreprendre fur le métier des Maiftres Tapiffiers, achepter de la plume neuve des Marchands forains ; ains en achepter fi bon leur femble des Marchands de cette ville, vifitation d'icelle préalablement faite conformément aux Arrefts & Reglemens; outre lui a fait défenfes de faire aucun ouvrage neuf de lits & traverfins, ni employer en iceux de la plume neuve, finon pour les regarnir & refaire; Et lui enjoint fouffrir la vifitation en fa maifon, quand les appellans auront permiffion du Prevoft de Paris de la faire avec un Commiffaire, un Marchand Fripier prefent, fuivant lefdits Arrefts, fans dépens. SI TE MANDONS, en commettant à la requefte defdits appellans, mettre le prefent Arreft à execution, de ce faire te donnons pouvoir, & à tous nos Jufticiers, Officiers & Sujets ; ce faifant obéïr. DONNE' à Paris en notre Parlement le vingtiéme jour de Février, l'an de grace mil fix cent feize, & de notre Regne le fixiéme. Et plus bas, Par la Chambre, Signé, VORSIN. Et fcellé.

ARREST DE LA COUR DE PARLEMENT.

Du 5 Février 1718.

RENDU en faveur de la Communauté des Marchands Tapissiers, qui confirme les Sentences de Monsieur le Lieutenant General de Police, par lesquelles il est ordonné à tous Marchands Tapissiers de faire marquer & visiter les Tapisseries d'Hautelisse & Basselisse, Tapisseries de Bergame & Point d'Hongrie, & à payer les droits dûs à la Communauté.

Extrait des Registres de la Cour de Parlement.

ENTRE Jean Bardeau, Marchand Tapissier à Paris, Appellant de la Sentence renduë par le sieur Lieutenant General de Police du Châtelet de Paris le vingt-six Novembre mil sept cens dix-sept, par laquelle en confirmant l'Avis du Substitut de Monsieur le Procureur General du Châtelet, du seize Novembre dernier, la saisie faite sur l'Appellant a été declarée bonne & valable, la plume noire étant dans les traversins, ôtée & jettée : Deffenses audit Bardeau de recidiver, à peine de confiscation : Que les pieces de Tapisseries seroient portées au Bureau des Tapissiers, pour être visitées & marquées, conformément à l'article XXI. des Statuts & Reglemens, & aux Sentences de Police ; & neanmoins pour cette fois renduës, en payant par ledit Bardeau les droits dûs à ladite Communauté, à raison de cinq sols par piece de tapisserie de Basselisse, & de quinze deniers par piece de tapisserie de Bergame & de Point d'Hongrie, en trois livres d'amende & aux dépens, d'une part ; & les Jurez & Gardes en Charge de la Communauté des Maîtres & Marchands Tapissiers de cette Ville de Paris, Intimez d'autre part. Aprés que Guerin Avocat de la Communauté des Tapissiers, a demandé la reception de l'appointement avisé au Parquet, & paraphé De Chauvelin, pour le Procureur General du Roy, & signifié le premier Février present mois, à Pallu Procureur ; LA COUR ordonne que l'appointement sera reçû, & suivant icelui, a mis & met l'appellation au neant ; ordonne, que ce donta été appellé sortira effet ; condamne l'Appellant en l'amende ordinaire de douze livres & aux dépens de la cause d'appel. FAIT en Parlement ce cinq Février 1718.

Collationné, GILLEROT.